Schöningh

EinFach Deutsch

Unterrichtsprojekt

Szenisches Lernen

Texte und Theater im Deutschunterricht

Erarbeitet von
Barbara Müller
und Helmut Schafhausen

Herausgegeben von
Johannes Diekhans

www.schoeningh-schulbuch.de
Schöningh Verlag, Jühenplatz 1 – 3, 33098 Paderborn

Druck 4 3 2 / Jahr 2011 10 09
Die letzte Zahl bezeichnet das Jahr dieses Druckes.

Umschlaggestaltung: Jennifer Kirchhof
Druck und Bindung: Media-Print Informationstechnologie GmbH, Paderborn

ISBN 978-3-14-022408-6

Inhaltsverzeichnis

Szenisches Lernen – eine andere Form des Unterrichts

Szenisches Lernen ist eine interessante und abwechslungsreiche Unterrichtsform. Der Reiz des Theaters und die Erarbeitung der Szenen motivieren den Lernprozess. Szenisches Lernen verknüpft die Arbeit an Texten mit der kreativen Erstellung von Szenen: Die Schülerinnen und Schüler bearbeiten Texte szenisch oder entwickeln im Spiel eigene Geschichten und schreiben sie dann auf. Das projektartige Lernen bietet vielfältige Möglichkeiten der Binnendifferenzierung, es fordert die Schülerinnen und Schüler kognitiv und kreativ und fördert den Erwerb verschiedener Fähigkeiten:

- Themen und Texte in Szenen umzusetzen,
- Texte durch eigenes Spiel zu interpretieren,
- erdachte Szenen aufzuschreiben,
- Rollen zu gestalten und freies, sinnbetontes Sprechen zu lernen,
- Beiträge anderer Schülerinnen und Schüler konzentriert zu verfolgen und konstruktiv zu bewerten,
- durch vorzeigbare Ergebnisse Selbstbewusstsein zu entwickeln.

Szenisches Lernen baut diese Fähigkeiten progressiv auf: Bei jedem Baustein wird Bekanntes wiederholt und Neues dazugelernt. Einen Überblick über den vielfältigen Lernzuwachs gibt das *Kapitel 8. Kompetenzen, die gelernt werden* (mit Verweis auf den Kernlehrplan Deutsch NRW).
Szenisches Lernen ist eine andere Art des Unterrichts: Feste Rituale und Unterrichtsformen machen die Arbeit effektiv – hierzu gibt es konkrete Hinweise in *Kapitel 2. Praktische Hinweise zum Ablauf.*
In *Kapitel 4. Szenisches Lernen – Unterrichtsbausteine* werden Projekte vorgestellt, die einfach beginnen und allmählich ausführlicher werden. In jedem Projekt werden die inhaltliche Vorbereitung und die Spielphase detailliert geschildert, Arbeitsblätter erleichtern die Vorbereitung. Alle Themen sind praktisch erprobt.
Szenisches Lernen ist methodenbetont und ermöglicht den Schülerinnen und Schülern, einzelne Schritte des Arbeitsprozesses weitgehend selbstständig zu planen und zu gestalten. Einen Überblick gibt das *Kapitel 3. Methoden, die bei den einzelnen Arbeitsschritten helfen.* Hier werden die Methoden ausführlich beschrieben.
Jede Einheit beginnt mit Aufwärmübungen, dem *Warm-up,* die ausführliche Anleitung zu den Übungen ist in *Kapitel 6. Spiele in den Unterrichtsbausteinen* abgedruckt. Sie wurden dem Buch „99 Theaterspiele" (siehe *Kapitel 9. Literatur*) entnommen. Hier findet man weitere Spiele zu den jeweiligen Schwerpunkten (z. B. Aufwärmen, Vertrauensübungen oder Sprache).
In *Kapitel 5. Checkliste: Von der Idee zur fertigen Szene* finden sich einige Hilfen für längere Projekte.
Die im Text kursiv hervorgehobenen Begriffe werden in *Kapitel 7. Glossar* erklärt. Mithilfe von Arbeitsblättern lassen sich diese Begriffe rund ums Theater erarbeiten und festigen.

Informationen, Tipps und Beispiele aus der Praxis gibt es auch im Internet unter www.szenischeslernen.de

Wir wünschen allen Beteiligten viel Spaß bei der Arbeit!

Praktische Hinweise zum Ablauf

Rituale und Regeln, die die Arbeit erleichtern

Szenisches Spiel ist eine andere Form des Unterrichts – die folgenden Rituale helfen, ein positives Arbeitsklima zu schaffen. Sie werden von Beginn an eingeführt und bei der Arbeit immer wieder in Erinnerung gerufen:

- Es ist sinnvoll, fürs Spielen genug Platz zu schaffen, indem man z. B. Tische und Stühle rundum an die Wände stellt. Das übt man am besten gemeinsam, damit es möglichst ruhig und reibungslos abläuft. Vielleicht kann man andere Räume (Aula, Musikraum, eine Turnhalle oder Flure) mitnutzen.
- Jede Einheit beginnt und endet mit einem Sitzkreis und gemeinsamem Aufräumen. Hier werden die Ziele und Ergebnisse des Tages erklärt und besprochen.
- Die Gruppen umfassen drei bis vier Schülerinnen und Schüler. Für die Gruppenarbeit gibt es klare Aufgaben, die Ergebnisse werden am Schluss vorgestellt. Die Gruppen sollen lernen, auch ohne Aufsicht ergebnisorientiert zu arbeiten.
- Bei Vorführungen wird die *Bühne* klar abgegrenzt – z. B. mit Kreppband markiert. Die Zuschauer sitzen in einer *Publikumsreihe* davor.
- Während etwas vorgespielt wird, wird nicht geredet – gespielt wird erst, wenn alle aufmerksam sind. Auch neben der Bühne, im *Off*, herrscht Ruhe.
- Jede Vorführung bekommt Applaus. Nach den Vorführungen können die Zuschauer sachliche Kommentare abgeben und positive Verbesserungsvorschläge machen, statt zu betonen, was schlecht war.

Besprechung im Sitzkreis

Fehler, die man leicht vermeiden kann

- Man sollte sich bei den einzelnen Projekten – vor allem am Anfang – nicht zu viel vornehmen; so vermeidet man es, sich selbst und die Schülerinnen und Schüler zu überfordern.
- Übungen und Auftritte vor anderen sind zu Beginn für Schülerinnen und Schüler oft ungewohnt – Ängste und Hemmungen sind normal. Am besten geht man entspannt damit um, sie bauen sich mit der Zeit ab.
- Man stärkt die Spielfreude der Schülerinnen und Schüler, wenn man gute Ansätze lobt und positive Verbesserungsvorschläge macht: Improvisationen sind vorläufige Arbeitsergebnisse und können nicht perfekt sein. Wenn man die Vorstellungen der Schülerinnen und Schüler ernst nimmt und ihnen nicht die eigene Sichtweise aufzwingt, sind sie für Anregungen dankbar.
- Schülerinnen und Schüler sind oft überfordert, wenn sie sich ohne Vorgaben Szenen ausdenken sollen. Wenn nicht der Text die Situation definiert, sollte man den Rahmen einer Szene vorgeben, z. B.: „Die Szene spielt auf einem Marktplatz, auf dem sich Bauern und Marktleute befinden."
- Als Lehrerin oder Lehrer sollte man den Arbeitsprozess von Gruppen distanziert beobachten und nur helfen, wenn die Gruppen ernsthafte Arbeitsprobleme haben, denn Hilfen von außen stören eher den internen Prozess der Gruppe.

Methoden, die bei den einzelnen Arbeitsschritten helfen

In den einzelnen Bausteinen werden die Methoden mit ihren Nummern (z. B. M 1) erwähnt.

Schüler bei der Gruppenarbeit

M 1: Einteilung der Gruppen

Die Gruppen bestehen aus drei oder vier Schülerinnen und Schülern und werden frei oder nach Zufall gewählt:

- Die Schülerinnen und Schüler wählen ihre Gruppen selbst.
- Man verteilt ein Kartenspiel: Alle Buben bilden eine Gruppe, alle Asse usw.
- Die Schülerinnen und Schüler bilden eine Reihe nach Alter, Größe oder Geburtstag – dann zählt man Vierergruppen ab oder teilt die Zahl der Schülerinnen und Schüler durch vier (z. B.: 28: 4 = 7) und zählt bis sieben, dann bilden alle Einser eine Gruppe, ebenso alle Zweier etc.

M 2: Sprecher der Gruppe ermitteln

Jede Gruppe bestimmt einen Sprecher, entweder durch eine Abstimmung oder durch Zufall: Wer die längsten Haare hat oder wer als Nächster Geburtstag hat …

M 3: Reihenfolge der Aufführung festlegen

Die Gruppensprecher kommen zusammen und ziehen eine verdeckte Karte mit einer Nummer. Dann fängt entweder die Gruppe mit der niedrigsten oder der höchsten Nummer an.

M 4: Karussell

Aus arbeitsgleichen Gruppen treffen sich Mitglieder und tauschen Ideen zu bestimmten Aufgaben aus, z. B. erzählen alle Könige, wie sie die Rolle gestalten, was sie anziehen etc.

M 5: Arbeitsprotokoll

Eine Gruppe bilanziert schriftlich ihre eigene Arbeit für eine oder mehrere Doppelstunden. Man überlegt gemeinsam mit der Gruppe Kriterien für die Analyse oder gibt sie vor: Beschreibt die einzelnen Arbeitsschritte und das Ergebnis. Wo gab es Schwierigkeiten? Was kann man besser machen? Das Arbeitsprotokoll kann auch zur Leistungsbewertung dienen.

M 6: Blitzlicht

Eine kurze Abfrage als Einstieg oder Abschluss im Sitzkreis, z. B.:

- Was soll heute gemacht werden?
- Was haben wir gemacht? Wie fandet ihr es?
- Was kann man beim nächsten Mal verbessern? Was ist das Ziel der nächsten Stunde?

M 7: Mindmapping

Die Methode hilft beim Sammeln und Sortieren von Aspekten zu einem bestimmten Thema:

- Was gehört alles zum Thema Märchen? An welchen Orten spielen Märchen? Welche Personen kommen vor? Was kann in Märchen passieren?
- Was gehört alles zu einer bestimmten Figur?
  Aussehen, Kleidung, Eigenschaften, Gang, Mimik, Gestik, …

M 8: Placemat

Das ist eine gute Methode, um Ideen für Szenen zu sammeln: Man benötigt ein DIN-A4- oder DIN-A3-Blatt, das in fünf Felder aufgeteilt ist wie in der Darstellung unten. Die Gruppenmitglieder schreiben ihre Ideen zur Szene in einem der vier außen gelegenen Kästchen auf und lesen sie den anderen vor. In der Mitte werden dann die Gemeinsamkeiten zusammengetragen. Das ist die Grundlage für die erste Improvisation. Hier ein Beispiel zum Thema: „Fremd sein im Ruhrgebiet der 50er-Jahre“:

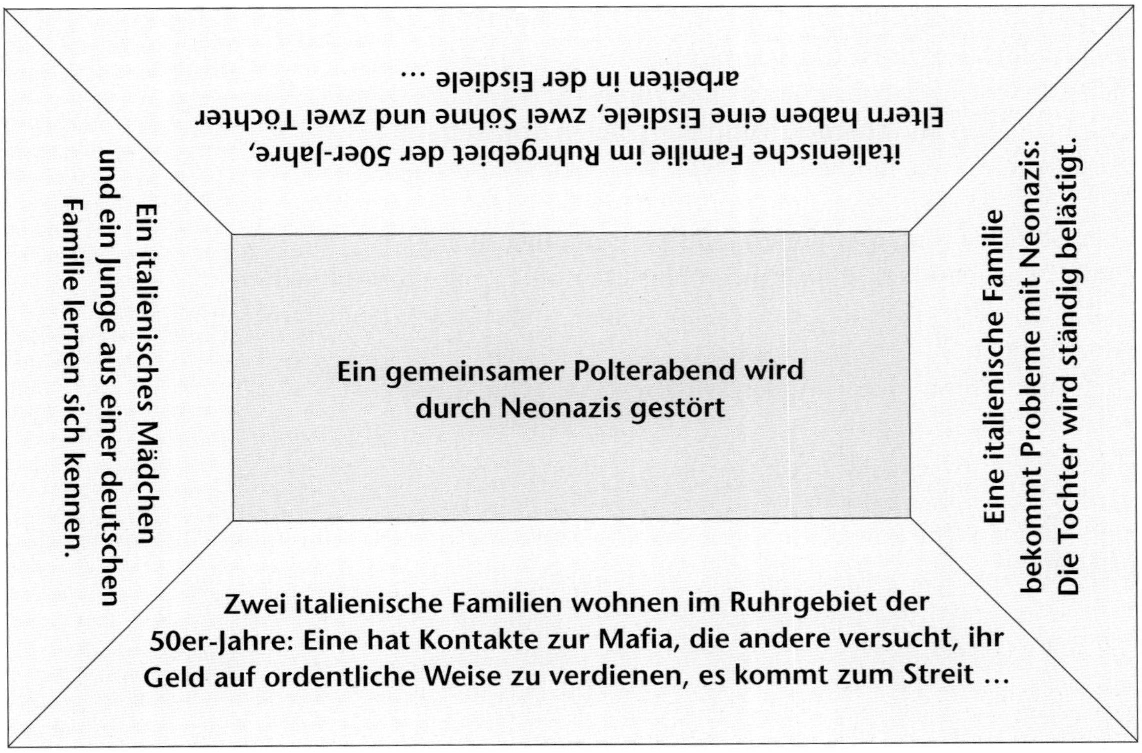

M 9: Automatisches Schreiben

Das ist eine weitere Methode, um Ideen zu sammeln: Man nimmt ein leeres Blatt und schreibt ungeordnet fünf Minuten lang alle Ideen zu einem bestimmten Thema auf. Danach kann man das Blatt seinem Nachbarn geben, der die Ideen ergänzt oder Kommentare dazuschreibt.

M 10: Mit Collagentechnik den Inhalt der Szenen sichern

Wenn eine Szene einige Male gespielt ist, sichert man die Handlung (den *Plot*), indem man sie in Stichworten auf Plakaten, Papier oder im Computer aufschreibt. So kann man bei der nächsten Probe beim erreichten Stand wieder anfangen. Das Beispiel aus der Einheit „Fantasiegeschichten" zeigt eine Szene, in der Gegenstände lebendig werden.

Ein Klassenraum erwacht zum Leben (Schrank, Tafel, großes Lineal, Globus)

Die Schülerinnen und Schüler verlassen den Raum, es wird still.
Man hört leise Geräusche: Flüstern, Scharren und Husten.
Die Gegenstände fangen an, sich zu bewegen.
Sie gehen in der Klasse umher und schauen sich alles genau an.
Sie unterhalten sich über das, was sie sehen, und werden dabei immer lauter und lustiger.

Wenn die Szene fertiggestellt ist und nichts mehr verändert wird, werden die Dialoge eingefügt: Man schneidet die Blätter mit der Handlung auseinander und klebt die Dialoge dazwischen – das ist am Computer einfacher. Die eingefügten Dialoge sind fett gedruckt:

Ein Klassenraum erwacht zum Leben (Schrank, Tafel, großes Lineal, Globus)

Die Schülerinnen und Schüler verlassen den Raum, es wird still.
Man hört leise Geräusche: Flüstern, Scharren und Husten.
Schrank (hustet): Ist das staubig hier!
Lineal: Schön, dass es endlich mal ruhig ist!
Globus: Man wird ja ganz rund vom vielen Stillstehen.
Die Gegenstände fangen an, sich zu bewegen.
Sie gehen in der Klasse umher und schauen sich alles genau an.
Lineal: Guck mal, hier liegen jede Menge Butterbrote!
Tafel: Also wirklich, die könnten hier aber auch mal sauber machen.
Sie unterhalten sich über das, was sie sehen, und werden dabei immer lauter und lustiger.
Schrank: Komm, jetzt spielen wir auch mal Schulklasse!
...

Nun hat man eine komplette Szene mit Regieanweisungen. Handlung und Dialoge werden gemeinsam gelesen und verbessert und können dann gelernt werden.

Szenisches Lernen – Unterrichtsbausteine

Baustein 1

Gedichte sprechen und spielen

5./6. Jahrgang – 4 Doppelstunden

Schwerpunkt der Einheit

Im Mittelpunkt stehen einfache und kurze Gedichte, die vorgetragen und gleichzeitig durch spielerische Elemente „interpretiert" werden – ein praktischer Umgang mit Literatur, der den Schülerinnen und Schülern Spaß macht. Die kurze Einheit macht sie gleichzeitig mit den Ritualen des szenischen Lernens vertraut. Sie lernen spielerisch

- den Sprechrhythmus eines Gedichts zu erkennen und Betonungen sinnvoll zu setzen,
- ein Gedicht auswendig vorzutragen,
- den Inhalt des Gedichts durch Spielen wiederzugeben,
- Vortrag und Spiel aufeinander abzustimmen.

Thematisch eignen sich im 5. Jahrgang lustige Gedichte zum Thema „Tiere", im 6. Jahrgang bieten sich Gedichte zum Thema „Jahreszeiten" an.

Inhaltliche Vorbereitung

Die Schülerinnen und Schüler erzählen sich gegenseitig Spaßgedichte und Abzählverse, die sie schon einmal gehört haben, z. B.:

> Eene meene muh – und raus bist du.
> Eene meene miste und ab in die Kiste.

Anschließend werden sie als Reim aufgeschrieben, dabei kann der Begriff „Reimwort" eingeführt bzw. wiederholt werden.

■ *Schreibt die Wörter so auf, dass die Reimwörter am Ende der Zeile stehen.*

Anschließend werden einige Gedichte zum Thema „Tiere" inhaltlich besprochen und Begriffe wie Strophe und Reimwort eingeführt. Dabei helfen folgende – oft schon bekannte – Verfahren:

- Die Schülerinnen und Schüler ergänzen fehlende Reimwörter (als Hilfe können diese unter den Text geschrieben werden) oder setzen vertauschte Reimwörter an die richtige Stelle. Man schreibt das folgende Gedicht unvollständig an die Tafel:

J. Spohn: Warum der Rollmops sauer ist

Der Rollmops ist ein armes Tier gewickelt in ein Stück ...
Er hat nicht viel vom Leben mehr und fürchtet sich vor dem Verzehr.
Sein Glück ist nicht von Dauer und deshalb ist er ...

- *Schreibt das Gedicht ins Heft und setzt dabei die fehlenden Wörter an die richtige Stelle: ... sauer/... Papier.*

Das Verfahren kann mit weiteren Texten am Schluss des Kapitels geübt und vertieft werden.

Mithilfe des **Arbeitsblattes 1**, S. 15 werden die Strophen eines Gedichts in die richtige Reihenfolge gebracht. Die richtige Form des Gedichts „Die Wühlmaus" von Fred Endrikat, siehe unten.

Mit dem **Arbeitsblatt 2**, S. 16 üben die Schülerinnen und Schüler, Gedichte laut zu lesen und dabei Lesehilfen zu nutzen:

- Sie unterstreichen oder markieren die Wörter, die betont werden, damit man den Sinn besser versteht. Gleichzeitig verhindert dieses Verfahren die stereotype Betonung der Reimwörter.
- Sie markieren mit Strichen die Stellen, an denen man Pausen beim Sprechen macht.
- Zur Übung können einige Gedichte auswendig gelernt werden.

Lösung 1: So lautet die richtige Fassung:

J. Spohn
Der Rollmops

Der Rollmops ist ein armes Tier gewickelt in ein Stück Papier.
Er hat nicht viel vom Leben mehr und fürchtet sich vor dem Verzehr.
Sein Glück ist nicht von Dauer und deshalb ist er sauer.

Lösung 2: So hat das Gedicht die richtige Reihenfolge:

Fred Endrikat
Die Wühlmaus

Die Wühlmaus nagt an einer Wurzel
das W hinfort, bis an die -urzel.

Sie nagt dann an der hintern Stell
auch von der -urzel noch das l.
Die Wühlmaus nagt und nagt, o weh,
auch von der -urze- noch das e.

Sie nagt die Wurzel klein und kurz,
bis aus der -urze- wird ein -urz-.
Die Wühlmaus ohne Rast und Ruh
nagt von dem -urz- auch noch das u.

Der Rest ist schwer zu reimen jetzt,
es bleibt zurück nur noch ein -rz-.
Nun steht dies -rz- im Wald allein.
Die Wühlmäuse sind so gemein.

Aus: Fred Endrikat, Das große Endrikat-Buch,

Spielphase: 1. Doppelstunde

Man beginnt mit Übungen, die die Schülerinnen und Schüler auflockern und gleichzeitig lautes Sprechen trainieren (Anleitungen zu den Übungen findet man in Kapitel 6):

- Bunny, Bunny, Bunny oder Klatschkreis (1: Einstieg und Aufwärmen)
- Beschützer und Verfolger (1: Einstieg und Aufwärmen)
- Stimme aufwärmen (3: Atem, Stimme, Sprache)
- Soundball (3: Atem, Stimme, Sprache)

Im Sitzkreis wird das Ziel formuliert: Ihr sollt das Gedicht „Die drei Spatzen" mithilfe des **Arbeitsblattes 2**, S. 16 vortragen und gleichzeitig den Inhalt spielen. Im Folgenden wird das Vorgehen exemplarisch an diesem Gedicht behandelt. (Man kann auch andere Gedichte zum Spielen wählen – siehe die Texte am Schluss des Kapitels.)
Das Gedicht wird vorgelesen, man überlegt gemeinsam: Was kann man dazu spielen und wie kann man es spielen?

- Worauf sitzen die Spatzen?
- Welche Haltung nehmen sie ein?
- Wie zeigen sie ihr Herzklopfen?
- …

Die Vorschläge werden an der Tafel festgehalten.
Es werden arbeitsgleiche Gruppen eingeteilt (M 1, 2). Die Gruppen bekommen den Arbeitsauftrag:

■ *Teilt die Rollen auf: Wer ist der Vorleser, wer spielt die drei Spatzen? Der Vorleser liest das Gedicht laut vor, die Spatzen versuchen, dazu zu spielen.*

Hilfen während der Gruppenarbeit:
- Wenn der Vorleser zu schnell liest, kommen die Spieler nicht nach. Dann muss der Vortragende mehr Pausen machen oder es werden nur einige Stellen des Gedichts gespielt, die besonders geeignet sind.

Die Ergebnisse werden vorgeführt, die Schülerinnen und Schüler tauschen sich über die Ergebnisse aus: Welche Teile des Textes wurden gespielt und welche weggelassen? Passen Vorlesen und Spielen zusammen oder gibt es noch Probleme mit dem Tempo?
Mit einem Blitzlicht (M 6) endet die Stunde.

■ *Hausaufgabe: Diejenigen Schülerinnen und Schüler, die das Gedicht vortragen, müssen es bis zum nächsten Mal auswendig lernen.*

2. Doppelstunde

Es beginnt mit ein oder zwei Übungen der 1. Doppelstunde. Das Ziel der Stunde: Die Gedichte werden weiter geübt und am Schluss der Stunde aufgeführt.
Im Sitzkreis berichten die Sprecher der einzelnen Gruppen, wie weit die Gruppen sind und was noch zu tun ist. Hilfen:

- Stimmt das Tempo oder muss der Vorleser noch mehr Pausen machen?
- Welche Requisiten oder Kostüme werden benötigt, was ziehen die Spatzen an?
- Wie kann man es auf einfache Weise schneien lassen? (Papierschnipsel, ...)
- Welche Geräusche oder Laute machen die Tiere?

Gemeinsam werden Tipps gesammelt und auf der Tafel/einem Plakat notiert.
Die Gruppen arbeiten an ihrer Präsentation und besonders am Verhältnis von gesprochenem Text und Spiel.
Am Ende der Stunde werden die Ergebnisse vor den anderen Gruppen vorgeführt (M 3).
Alle Aufführungen werden kurz kommentiert.
Mit einem Blitzlicht (M 6) endet die Stunde.

3. Doppelstunde

Der Raum wird vorbereitet – kurze Übungen wie in den vorigen Stunden.
Als neue Aufgabe wird formuliert:

> *Da die ersten Aufführungen gut geklappt haben, könnt ihr ein neues Gedicht nach Wahl sprechen und spielen.*

Am Schluss des Kapitels findet man auf dem **Arbeitsblatt 4**, S. 18 weitere Texte, aus denen man auswählen kann, eventuell finden sich andere Texte im Deutschbuch. Man liest die Gedichte gemeinsam vor. Die Gruppen können unterschiedliche Texte wählen. Gemeinsam wird besprochen, worauf es beim Spielen ankommt und wo möglicherweise Probleme entstehen können.
Es können neue arbeitsteilige Gruppen gebildet werden (M 1, 2), die einen Arbeitsauftrag auf einem Plakat oder einer Tafel bekommen:

> 1. *Sucht euch ein Gedicht aus, das ihr spielen wollt.*
> 2. *Überlegt, was man spielen kann und wie die Aufgaben in der Gruppe verteilt werden.*
> 3. *Lest das Gedicht vor und versucht, gleichzeitig zu spielen.*

Hilfen während der Gruppenarbeit:

- Welche Stellen aus dem Text lassen sich leicht spielen?
- Bei längeren Gedichten kann der Text auch von mehreren Schülerinnen und Schülern vorgetragen werden.

> *Hausaufgabe: Diejenigen Schülerinnen und Schüler, die das Gedicht vortragen, müssen es bis zum nächsten Mal auswendig lernen.*

Möglichkeiten der Leistungsbewertung

- Die Zusammenarbeit in der Gruppe kann in die Bewertung einfließen.
- Andere Bewertungskriterien: das Zusammenspiel von Text und Spiel, die richtige Betonung und die passende Auswahl der Stellen, die gespielt werden

Ein Gedicht in die richtige Reihenfolge bringen

Die Strophen des folgenden Gedichts sind vertauscht. Wenn du es aufmerksam durchliest, wirst du merken, wie die richtige Reihenfolge lauten muss.

- *Schreib es in der richtigen Reihenfolge ins Heft.*
- *Lies es laut vor.*

Fred Endrikat
Die Wühlmaus

Sie nagt die Wurzel klein und kurz,
bis aus der -urze- wird ein -urz-.
Die Wühlmaus ohne Rast und Ruh
nagt von dem -urz- auch noch das u.

Sie nagt dann an der hintern Stell
auch von der -urzel noch das l.
Die Wühlmaus nagt und nagt, o weh,
auch von der -urze- noch das e.

Der Rest ist schwer zu reimen jetzt,
es bleibt zurück nur noch ein -rz-.
Nun steht dies -rz- im Wald allein.
Die Wühlmäuse sind so gemein.

Die Wühlmaus nagt an einer Wurzel
das W hinfort, bis an die -urzel.

Gedichte lesen und betonen

Unterstreiche in dem Gedicht die Wörter, die betont werden, damit man den Sinn besser versteht. Markiere mit Strichen die Stellen, an denen man am besten eine Pause beim Sprechen macht.

Christian Morgenstern
Die drei Spatzen

In einem leeren Haselstrauch
Da sitzen drei Spatzen, Bauch an Bauch.

Der Erich rechts und links der Franz
Und mittendrin der freche Hans.

Sie haben die Augen zu, ganz zu
Und oben drüber, da schneit es, hu!

Sie rücken zusammen dicht an dicht,
So warm wie der Hans hat's niemand nicht.

Sie hören alle drei ihrer Herzlein Gepoch.
Und wenn sie nicht weg sind, dann sitzen sie noch.

Aus: C. Morgenstern, Gesammelte Werke. Hg. von M. Morgenstern, München 1965

Weitere Texte für die inhaltliche Vorbereitung im Unterricht

Johann Wolfgang von Goethe
Demut

Ein großer Teich war zugefroren,
Die Fröschlein, in der Tiefe verloren,
Durften nicht ferner quaken noch springen,
Versprachen sich aber, im halben Traum,
Fänden sie nur da oben Raum,
Wie Nachtigallen wollten sie singen.
Der Tauwind kam, das Eis zerschmolz,
Nun ruderten sie und landeten stolz,
Und saßen am Ufer weit und breit
Und quakten wie vor alter Zeit.

Aus: J. W. v. Goethe, Werke – Frankfurter Ausgabe, Klassiker Verlag, Bd. 1, 2

Wilhelm Busch
Es sitzt ein Vogel auf dem Leim

Es sitzt ein Vogel auf dem Leim,
Er flattert sehr und kann nicht heim.
Ein schwarzer Kater schleicht herzu,
Die Krallen scharf, die Augen gluh.
Am Baum hinauf und immer höher
Kommt er dem armen Vogel näher.

Der Vogel denkt: Weil das so ist
Und weil mich doch der Kater frisst,
So will ich keine Zeit verlieren,
Will noch ein wenig quinquilieren
Und lustig pfeifen wie zuvor.
Der Vogel scheint mir, hat Humor.

Aus: Gesamtausgabe, hg. von F. Bohne, Wiesbaden o. J.

Weitere Texte, die zum Spielen geeignet sind

Wilhelm Busch
Fink und Frosch

Auf leichten Schwingen frei und flink
Zum Lindenwipfel flog der Fink
Und sang an dieser hohen Stelle
Sein Morgenlied so glockenhelle.

Ein Frosch, ein dicker, der im Grase
Am Boden hockt, erhob die Nase,
Strich selbstgefällig seinen Bauch
Und denkt: Die Künste kann ich auch.

Alsbald am rauen Stamm der Linde
Begann er, wenn auch nicht geschwinde,
Doch mit Erfolg emporzusteigen,
Bis er zuletzt von Zweig zu Zweigen,
Wobei er freilich etwas keucht,
Den höchsten Wipfelpunkt erreicht
Und hier sein allerschönstes Quacken
Ertönen lässt aus vollen Backen.

Der Fink, dem dieser Wettgesang
Nicht recht gefällt, entfloh und schwang
Sich auf das steile Kirchendach.

Wart, rief der Frosch, ich komme nach.
Und richtig ist er fort geflogen,
Das heißt, nach unten hin im Bogen,
Sodass er schnell und ohne Säumen,
Nach mehr als zwanzig Purzelbäumen,
Zur Erde kam mit lautem Quack,
Nicht ohne großes Unbehagen.

Er fiel zum Glück auf seinen Magen,
Den dicken weichen Futtersack,
Sonst hätt er sicher sich verletzt.

Heil ihm! Er hat es durchgesetzt.

Aus: Gesamtausgabe, hg. von F. Bohne, Wiesbaden o. J.

Ernst Jandl
ottos mops

ottos mops trotzt
otto: fort mops fort
ottos mops hopst fort
otto: soso

otto holt Koks
otto holt obst
otto horcht
otto: mops mops
otto hofft

ottos mops klopft
otto: komm mops komm
ottos mops kommt
ottos mops kotzt
otto: ogottogott

Baustein 2

Märchen lesen und spielen

5./6. Jahrgang – 4 Doppelstunden

Schwerpunkt der Einheit

Das Thema „Märchen" lädt dazu ein, Texte zu lesen und in die bunte und abenteuerreiche Welt der Märchen einzutauchen. Die Schülerinnen und Schüler können ihre so angeregte Fantasie im eigenen Spiel umsetzen und vollziehen dabei die Handlungsabläufe nach. Als Zugang zum Inhalt sind die Figuren der Märchen geeignet: Die Schülerinnen und Schüler können sich verschiedene Figuren und Rollen aussuchen und sich so in die bunten Gestalten verwandeln, die die Märchen bevölkern.
Bei der szenischen Umsetzung eines Märchens gibt es verschiedene Variationsmöglichkeiten:

- Man kann die Person eines Erzählers einfügen, der das Märchen vorliest, während die anderen spielen.
- Die Schülerinnen und Schüler können eigene Ideen einbringen, indem sie neue Figuren einfügen oder den Schluss des Märchens ändern.

Die Einheit ist als Einstieg in die szenische Unterrichtsarbeit geeignet, da sie an einem einfachen Thema in die Rituale des szenischen Lernens einführt.

Inhaltliche Vorbereitung

Als Einstieg erzählen sich die Schülerinnen und Schüler im Sitzkreis oder in Gruppen einige Märchen, die sie schon kennen, und sprechen über den Inhalt. Hier bieten sich auch Märchen aus anderen Kulturkreisen an. Der Arbeitsauftrag lautet:

- *Erzähl dein Lieblingsmärchen oder ein Märchen, das du kennst. Beschreibe kurz, was in diesem Märchen alles passiert und welche Figuren vorkommen.*

Die Zuhörer können zum Inhalt oder den einzelnen Figuren Fragen stellen.
Gemeinsam liest man dann einen Märchentext vor, z. B. die Märchen auf den **Arbeitsblättern 5**, S. 24 oder **7**, S. 27f. Die Texte können mit verteilten Rollen gelesen werden: Eine Schülerin oder ein Schüler spricht den Erzähler, andere übernehmen einzelne Figuren.

- *Lest den Text mit verteilten Rollen.*

Die Zuhörer beschreiben kurz, was passiert, und fassen den Inhalt mündlich zusammen (das kann auch in schriftlicher Form geschehen).
Im nächsten Schritt beschreiben die Schülerinnen und Schüler eine Figur aus einem Märchen und malen ein Bild dazu. Gemeinsam wird geklärt, was man bei einer Figur alles beschreiben kann: Aussehen, Kleidung, Gang, Bewegungen, Stimme, Gesichtsausdruck, Eigenschaften, ...

- *Such dir eine Figur aus dem Märchen aus und beschreibe sie. Dabei helfen dir diese Fragen:*
  - *Wie sieht die Figur aus? Beschreibe die Einzelheiten.*
  - *Welche Eigenschaften hat sie?*
  - *Was gefällt dir an dieser Figur?*
  - *Male ein Bild, wie du dir diese Figur vorstellst.*

Als Ergänzung/Übung können die Schülerinnen und Schüler Lieblingsfiguren aus anderen Märchen beschreiben und ein Bild dazu malen.
Die Schülerinnen und Schüler können jetzt ihr Wissen über Märchen in einer Mindmap (M 7) zusammenfassen mit folgendem Arbeitsauftrag:

- *An welchen Orten spielen Märchen?*
- *Welche Personen kommen vor?*
- *Was kann in Märchen passieren?*
- *Welche Gegenstände spielen eine Rolle?*

Eine andere Möglichkeit: Man liest gemeinsam ein Märchen, bei dem man den Schluss weglässt, z. B.: „Das kleine alte Männlein" (**Arbeitsblatt 6**, S. 25 f.).

- *Bei diesem Märchen fehlt der Schluss. Überlege, was passieren könnte, und schreibe den Schluss in dein Heft.*

Spielphase: 1. Doppelstunde

Der Raum wird so vorbereitet, dass Platz genug ist, um sich zu bewegen. Es beginnt mit lockeren Aufwärmübungen (Anleitungen zu den Übungen findet man in Kapitel 6):

- Bunny, Bunny, Bunny (1: Einstieg und Aufwärmen)
- Gänge ausprobieren (1: Einstieg und Aufwärmen)

Als Einstieg überlegt man gemeinsam, wie einzelne Märchenfiguren aussehen, wie sie sich bewegen und wie sie sprechen. Die Schülerinnen und Schüler setzen sich in die *Publikumsreihe* und nennen einige Figuren, die in der Mindmap vorkommen: z. B. Teufel, Bauer, König, Königstochter, Frosch, ...
Freiwillige versuchen, den Gang und die Haltung dieser Figuren nachzuahmen, indem sie einmal durch den Raum gehen.
Anschließend bekommen die Schülerinnen und Schüler den Auftrag, Figuren vorzuspielen. Vorher wird nicht verraten, wer das sein soll – die anderen müssen erraten, wer gespielt wird.
An der Tafel/auf einem Plakat werden die Figuren notiert, die bisher vorgespielt wurden. Alle überlegen gemeinsam, woran man eine Figur erkennt, welche Eigenschaften und Besonderheiten sie hat:

König
- ein bisschen dick
- er geht langsam und majestätisch
- spricht betont und vornehm

Altes Männlein
- geht gebeugt
- hat einen Stock
- hat eine hohe Stimme

Königstochter
- spielt gerne mit ihren Sachen
- zart und schmal
- singt gerne
- zieht sich schön an

Hexe
- sie geht krumm
- spricht mit komischer Stimme
- hat ein Tier auf der Schulter

Frosch
- hockt auf dem Boden
- bewegt sich springend vorwärts
- macht „Quak, Quak"

Die Schülerinnen und Schüler finden sich in Zweiergruppen mit folgendem Arbeitsauftrag zusammen:

- *Sucht euch eine oder zwei Figuren aus und schreibt ihre Eigenschaften auf ein Plakat. Probiert die Rollen praktisch aus und führt sie den anderen vor.*

Die Mitschüler sitzen in der *Publikumsreihe*, können die Figuren begutachten und Ergänzungsvorschläge machen.
Es ist reizvoll, wenn sich einige Figuren begegnen und sich dabei kurze Dialoge entwickeln, z.B. zwischen König und Frosch oder einem Bettler und der Prinzessin.
Im Sitzkreis wird das Ziel formuliert: Ihr sollt jetzt in Gruppen ein Märchen spielen. Die einzelnen Schritte bei der szenischen Umsetzung eines Märchens werden im Folgenden exemplarisch am Beispiel „Das kleine alte Männlein" (**Arbeitsblatt 6**, S. 25f.) behandelt.
Das Märchen wird mit verteilten Rollen im Sitzkreis gelesen. Verständnisfragen zum Text werden geklärt, gemeinsam wird überlegt, wie die Figuren aussehen, wie sie sich bewegen etc.
Es werden Gruppen eingeteilt (M 1, 2), ein Schüler kann den Erzähler übernehmen, die Rollen können auch auf mehrere Personen aufgeteilt werden.

Die Gruppen bekommen den Arbeitsauftrag auf einem Zettel/an der Tafel:

- *Verteilt die Rollen innerhalb der Gruppe und lest den Text gemeinsam durch.*
  - *Streicht alle Stellen durch, die ihr beim Spielen weglassen wollt, und unterstreicht die wörtliche Rede, die ihr sprechen wollt.*
  - *Überlegt euch, wie eure Figur aussehen soll, z.B. das alte Männlein:*
    - *Wie bewegt es sich? Wie spricht es? Wie ist es gekleidet?*
    - *Welche Eigenschaften hat es?*
  - *Probiert jetzt, den Anfang des Märchens zu spielen.*

Hilfen bei der Gruppenarbeit:

- Man kann die Schülerinnen und Schüler ermutigen, den Text des Märchens zu kürzen.
- Beim Proben ist es sinnvoll, den Text in Abschnitte einzuteilen und nicht immer den ganzen Text zu spielen.
- Es ist eine Hilfe, wenn ein Erzähler einen Teil des Textes als Zwischentext vorliest, dann spielt die Gruppe wieder einen Teil – so geht es abwechselnd weiter.

Alle setzen sich in die *Publikumsreihe* und die Gruppen stellen die Anfänge ihrer Märchen vor – die Reihenfolge richtet sich nach der gezogenen Nummer (M 3).
Das Publikum schildert, was es gut fand, und macht eventuell Verbesserungsvorschläge, z. B.:

- Man kann die Szenen noch besser verstehen, wenn ...
- Einzelne Spieler können lauter sprechen.
- ...

Die Gruppe schildert ihren eigenen Eindruck und was man besser machen könnte. Der Sprecher macht sich kurz Notizen.
Die Stunde endet mit einem Blitzlicht (M 6).

2. Doppelstunde

Der Raum wird vorbereitet und es beginnt mit den Übungen der ersten Stunde. Im Sitzkreis erinnern die Gruppen daran, welche Änderungen sie einbauen wollen (Notizen der Sprecher). Man kann sie ermuntern, eventuell die Handlung oder auch den Schluss an einigen Stellen zu verändern – oft kommen den Schülerinnen und Schülern beim Spielen schon Ideen.

- *Spielt den Anfang noch einmal mit den Verbesserungen.*
- *Probt eure Märchen zu Ende.*
- *Überlegt anschließend, was ihr alles an Requisiten und für das Bühnenbild braucht.*
- *Überlegt, ob ihr den Schluss ändern oder zusätzliche Figuren einbauen wollt.*

Die Gruppen arbeiten die Verbesserungsvorschläge ein und versuchen, möglichst laut zu sprechen. Hilfen bei der Gruppenarbeit:

- *Sprecht bitte laut und deutlich.*
- *Dreht euch nicht mit dem Rücken zum Publikum.*

Die Gruppen spielen ihre Märchen vor. Das Publikum schildert, was es gut fand, und macht eventuell Verbesserungsvorschläge, z. B.:

- Einige Figuren müssen lauter sprechen.
- ...

Die Gruppe schildert ihren Eindruck und was man besser machen könnte, und der Sprecher macht sich Notizen.
Die Schülerinnen und Schüler können jetzt ihre Rollen vertiefen, indem sie eine Beschreibung ihrer Figur stichwortartig oder in ganzen Sätzen schreiben und ein Bild dazu malen – nach den eingeführten Kategorien: Aussehen – Kleidung, Gang, Gestik –, Sprache und Eigenschaften.

Beispiel Männlein:

- *Beschreibe auf einem Plakat/einem Zettel deine Figur in allen Einzelheiten:*
  - *Wie sieht die Figur aus? Beschreibe die Einzelheiten.*
  - *Welche Eigenschaften hat sie?*
  - *Was gefällt dir an dieser Figur?*

Zum Abschluss erstellt jede Gruppe eine Liste:

- Welche Requisiten und Kleidung brauchen wir z. B. für das Männlein?
- Was können wir von zu Hause mitbringen, was gibt es in der Schule, was können wir
- basteln?

3. Doppelstunde

Der Raum wird vorbereitet und es beginnt mit den Übungen der ersten Stunde. Im Sitzkreis werden die mitgebrachten Requisiten vorgestellt. Anschließend wird die Aufführung vorbereitet:

- Wo soll die Aufführung stattfinden?
- Werden andere Klassen als Publikum eingeladen?

Mit den Kostümen und Requisiten wird das Märchen zum letzten Mal geprobt und die Aufführung vorbereitet.
Bei der Generalprobe läuft alles ab wie bei der richtigen Aufführung, es gibt keine Unterbrechung, auch bei Pannen geht es weiter.

Möglichkeiten der Leistungsbewertung

- Die schriftlichen Arbeiten aus der Vorbereitungsphase (Beschreibung einer Figur, Mindmap) werden bewertet.
- Die Gruppenarbeit wird bewertet.
- Einzelne Schülerinnen und Schüler beschreiben ihre Figur/Rolle und malen ein Bild.
- Die Gruppe oder einzelne Schülerinnen und Schüler verfassen einen Bericht über die Arbeit am Thema (M 5).
- Eine anspruchsvolle Aufgabe: Die Gruppe kann ihre Version des Märchens mit allen Textänderungen und Dialogen aufschreiben.

Märchen lesen

■ *Lest das Märchen mit verteilten Rollen: Einer übernimmt den Erzähler, andere das Bäuerlein und den Teufel.*

Gebrüder Grimm
Der Bauer und der Teufel

Es war einmal ein kluges und verschmitztes Bäuerlein, von dessen Streichen viel zu erzählen wäre; die schönste Geschichte ist aber doch, wie er den Teufel einmal drangekriegt und zum Narren gehalten hat.

Das Bäuerlein hatte eines Tages seinen Acker bestellt und rüstete sich zur Heimfahrt, als die Dämmerung schon eingetreten war. Da erblickte er mitten auf seinem Acker einen Haufen feuriger Kohlen, und als er voll Verwunderung hinzuging, so saß oben auf der Glut ein kleiner schwarzer Teufel. „Du sitzest wohl auf einem Schatz?", sprach das Bäuerlein. „Jawohl", antwortete der Teufel, „auf einem Schatz, der mehr Gold und Silber enthält, als du dein Lebtag gesehen hast." „Der Schatz liegt auf meinem Feld und gehört mir", sprach das Bäuerlein. „Er ist Dein", antwortete der Teufel, „wenn du mir zwei Jahre lang die Hälfte von dem gibst, was dein Acker hervorbringt: Geld habe ich genug, aber ich trage Verlangen nach den Früchten der Erde." Das Bäuerlein ging auf den Handel ein. „Damit aber kein Streit bei der Teilung entsteht", sprach es, „so soll dir gehören, was über der Erde ist, und mir, was unter der Erde ist."

Dem Teufel gefiel das wohl, aber das listige Bäuerlein hatte Rüben gesät. Als nun die Zeit der Ernte kam, so erschien der Teufel und wollte seine Frucht holen, er fand aber nichts als die gelben welken Blätter, und das Bäuerlein, ganz vergnügt, grub seine Rüben aus. „Einmal hast du den Vorteil gehabt", sprach der Teufel, „aber das nächste Mal soll das nicht gelten. Dein ist, was über der Erde wächst, und Mein, was darunter ist. „Mir auch recht", antwortete das Bäuerlein. Als aber die Zeit zur Aussaat kam, säte das Bäuerlein nicht wieder Rüben, sondern Weizen. Die Frucht ward reif, das Bäuerlein ging auf den Acker und schnitt die vollen Halme bis zur Erde ab. Als der Teufel kam, fand er nichts als die Stoppeln und fuhr wütend in eine Felsenschlucht hinab. „So muss man die Füchse prellen", sprach das Bäuerlein, ging hin und holte sich den Schatz.

Aus: Gebrüder Grimm, Kinder- und Hausmärchen, Leipzig 1971

Märchen lesen und spielen

■ *Lest das Märchen mit verteilten Rollen.*

Gebrüder Grimm
Das kleine alte Männlein

Da ist einmal spät am Abend ein fremdes altes Männlein durchs Dorf gekommen und hat bei einer Bäuerin angeklopft und Herberge gesucht. Da kam er aber an die Unrechte, die Frau hatte wohl ihr Pfännchen Fett, aber sie war ein Geizdrache. Erst tat sie, als ob sie das Klopfen gar nicht hörte, aber als das Männchen gar nicht nachließ und noch lauter klopfte, legte sie sich ins Fenster und fragte: „Wer ist denn da?“ – „Ein armer Wanderer hätte gern ein Unterkommen für die Nacht, es ist so kalt, dass man draußen nicht schlafen kann“, antwortete das Männchen. „Ich habe keinen Platz, sucht Euch anderswo ein Unterkommen“, und damit schlug die Alte das Fenster zu und hörte nicht weiter auf das Männlein, so viel das auch betteln und flehen mochte. Zuletzt ging es ein Haus weiter, da wohnte eine arme Frau. Es klopfte, da tat sie das Fenster auf und fragte: „Was möchtet Ihr denn, Alterchen?“ – „Ich hätte gern ein Unterkommen für die Nacht, es ist draußen so kalt.“

Gleich kam die Frau an die Tür und führte ihn in das warme Kämmerchen, kochte ihm einen Brei von Milch und Mehl und brockte das letzte Stückchen Brot hinein, das sie noch im Schranke hatte. Dann ging sie und schüttelte ihren Strohsack tüchtig auf, damit das alte Kerlchen so gut läge wie möglich; sie selbst schlief auf der Erde. Am andern Morgen war das Männchen schon früh auf und sprach, es müsste nun weiterziehen. Das litt aber die Frau nicht und kochte ihm erst noch einen Brei zum Frühstück. Als das Männchen den gegessen hatte, bedankte es sich freundlich und fragte nach seiner Schuldigkeit. „Ach“, sprach die Frau, „dafür will ich nichts haben, und wenn Ihr ein andermal nicht wisst, wo Ihr bleiben sollt, kommt nur wieder zu mir.“ – „Ich danke Euch vielmal von ganzem Herzen und wünsche Euch, dass das Erste, was Ihr heute beginnt, so wohl gelingt, dass Ihr den ganzen Tag nichts anderes tun könnt.“

Mit den Worten schied es von der Frau, und sie ging rasch wieder ins Haus zurück und an die Arbeit, auf den Wunsch des Männleins hatte sie gar nicht mehr gehört. Sie ging an ihren Kasten und wollte ein Stück Leinwand für ein Hemd abmessen; und sie maß Elle um Elle und maß und maß immerzu bis zum Mittag und den ganzen Nachmittag und das Leinen nahm gar kein Ende, und die ganze Stube wurde davon voll; das hörte nicht eher auf, als bis es stichdunkel wurde, da kam erst das Ende.
Dieser reiche Segen blieb auch der Nachbarin nicht lange verborgen. „Herrgott im Himmel“, schrie sie und steckte den Kopf zum Fenster herein, „wo habt Ihr all das Leinen her? In meinem ganzen Leben habe ich ja noch nicht so viel Leinen beisammen gesehen!“ Nun erzählte ihr die gute Frau von dem kleinen alten Männlein, und da wurde die Nachbarin ganz giftig und dachte bei sich: ‚Muss dem Bettelpack solches Glück in den Schoß fallen; das hättest du auch haben können‘, und rannte fort, um das Männlein zu suchen; sie war erst ein paar Schritte weit gegangen, da sah sie es schon von ferne heransocken. Im Nu war sie bei ihm und knickste und verbeugte sich und sprach: „Ach, lieber Herr, nehmt es mir doch bloß nicht übel, dass ich Euch gestern Abend nicht eingelassen und beherbergt habe. Tut mir doch den einzigen Gefallen und kehrt diesen Abend bei mir ein, Ihr macht mich zu dem glücklichsten Menschen auf der Welt!“ Das kleine alte Männchen war's zufrieden und ging mit ihr; die Bäuerin tischte auf von dem Allerbesten und machte ihm hernach ein reiches Bett zurecht, worin es schlief wie ein Prinz.

Und kaum hatte es sich am andern Morgen aus den Federn gemacht, da brachte ihm seine Wirtin schon Kaffee und Biskuit. Er dankte für alles recht höflich und fein. Und als er sein Frühstück verzehrt hatte, fragte er nach seiner Schuldigkeit. „Oh“, antwortete die Frau, „meint Ihr denn, ich wollte etwas haben für die Bewirtung? Gott bewahre, daran habe ich nicht im Mindesten gedacht; im Gegenteil, ich wünschte nur, Ihr machtet mir recht oft die Freude, bei mir einzukehren.“ – „Das wird kaum möglich sein“, sprach das Männlein, „aber ich danke Euch doch herzlich für Euern guten Willen und wünsche nur, dass das Erste, was Ihr diesen Morgen tut, den ganzen Tag fortdauert und Ihr nichts anders tun könnt.“ Damit empfahl sich das Männchen, und die Alte wünschte ihm glückliche Reise.

Kaum war der Gast zur Tür hinaus, da lief die Frau in die Kammer, sie wusste schon, was sie tun würde: Geld zählen! Aber gerade als sie zum Geldkasten gehen wollte, fingen die Ferkel an zu grunzen. ‚Warte‘, dachte sie aus alter Gewohnheit, ‚denen willst du erst flink noch Wasser geben.‘ Aber nun pumpte und trug und schüttete sie Wasser den ganzen Tag in einem fort, bis es stichdunkel wurde und Ferkel und Stall und Haus und Bäuerin und alles fortgespült wurden und nicht mehr zu sehen und zu retten waren.

Andere erzählen, die Bäuerin hätte gar nicht erst den Ferkeln Wasser bringen wollen, sie hätte, wie sie gerade ans Geldzählen gehen wollte, ein dringendes Bedürfnis verspürt und sei, um das rasch noch abzumachen, hinters Haus in den Garten gelaufen; da habe sie gar nicht wieder aufhören können und sitzen müssen, bis es dunkel war und ein großer See hinter dem Haus entstanden sei. Der See soll noch jetzt da sein.

Aus: Deutsche Märchen seit Grimm, hg. von P. Zaunert, Düsseldorf – Köln, 1976

Märchen lesen und spielen

■ *Lest das Märchen mit verteilten Rollen.*

Gebrüder Grimm

Der Froschkönig oder der eiserne Heinrich

In den alten Zeiten, wo das Wünschen noch geholfen hat, lebte ein König, dessen Töchter waren alle schön, aber die Jüngste war so schön, dass die Sonne selber, die doch so vieles gesehen hat, sich verwunderte, sooft sie ihr ins Gesicht schien. Nahe bei dem Schlosse des Königs lag ein großer dunkler Wald, und in dem Walde unter einer alten Linde war ein Brunnen: Wenn nun der Tag recht heiß war, so ging das Königskind hinaus in den Wald und setzte sich an den Rand des kühlen Brunnens, und wenn sie Langeweile hatte, so nahm sie eine goldene Kugel, warf sie in die Höhe und fing sie wieder; und das war ihr liebstes Spielwerk.

Nun trug es sich einmal zu, dass die goldene Kugel der Königstochter nicht in ihr Händchen fiel, das sie in die Höhe gehalten hatte, sondern vorbei auf die Erde schlug und geradezu ins Wasser hineinrollte. Die Königstochter folgte ihr mit den Augen nach, aber die Kugel verschwand, und der Brunnen war tief, so tief, dass man keinen Grund sah. Da fing sie an zu weinen und weinte immer lauter und konnte sich gar nicht trösten. Und wie sie so klagte, rief ihr jemand zu: „Was hast du vor, Königstochter, du schreist ja, dass sich ein Stein erbarmen möchte." Sie sah sich um, woher die Stimme käme, da erblickte sie einen Frosch, der seinen dicken hässlichen Kopf aus dem Wasser streckte. „Ach, du bist's, alter Wasserpatscher", sagte sie, „ich weine über meine goldene Kugel, die mir in den Brunnen hinabgefallen ist." „Sei still und weine nicht", antwortete der Frosch, „ich kann wohl Rat schaffen, aber was gibst du mir, wenn ich dein Spielwerk wieder heraufhole?" „Was du haben willst, lieber Frosch", sagte sie, „meine Kleider, meine Perlen und Edelsteine, auch noch die goldene Krone, die ich trage."

Der Frosch antwortete: „Deine Kleider, deine Perlen und Edelsteine und deine goldene Krone, die mag ich nicht; aber wenn du mich lieb haben willst, und ich soll dein Geselle und Spielkamerad sein, an deinem Tischlein neben dir sitzen, von deinem goldenen Tellerlein essen, aus deinem Becherlein trinken, in deinem Bettlein schlafen – wenn du mir das versprichst, so will ich hinuntersteigen und dir die goldene Kugel wieder heraufholen." „Ach ja", sagte sie, „ich verspreche dir alles, was du willst, wenn du mir nur die Kugel wiederbringst." Sie dachte aber, was der einfältige Frosch schwätzt, der sitzt im Wasser bei seinesgleichen und quakt und kann keines Menschen Geselle sein.

Der Frosch, als er die Zusage erhalten hatte, tauchte seinen Kopf unter, sank hinab und über ein Weilchen kam er wieder heraufgerudert, hatte die Kugel im Maul und warf sie ins Gras. Die Königstochter war voll Freude, als sie ihr schönes Spielwerk wieder erblickte, hob es auf und sprang damit fort. „Warte, warte", rief der Frosch, „nimm mich mit, ich kann nicht so laufen wie du." Aber was half ihm, dass er ihr sein Quakquak so laut nachschrie, als er konnte! Sie hörte nicht darauf, eilte nach Haus und hatte bald den armen Frosch vergessen, der wieder in seinen Brunnen hinabsteigen musste. Am andern Tage, als sie mit dem König und allen Hofleuten sich zur Tafel gesetzt hatte und von ihrem goldenen Tellerlein aß, da kam, plitsch platsch, plitsch platsch, etwas die Marmortreppe heraufgekrochen, und als es oben angelangt war, klopfte es an der Tür und rief: „Königstochter, jüngste, mach mir auf." Sie lief und wollte sehen, wer draußen wäre, als sie aber aufmachte, so saß der Frosch davor. Da warf sie die Tür hastig zu, setzte sich wieder an den Tisch, und war ihr ganz angst.

Der König sah wohl, dass ihr das Herz gewaltig klopfte, und sprach: „Mein Kind, was fürchtest du dich, steht etwa ein Riese vor der Tür und will dich holen?" „Ach nein", antwortete sie, „es ist kein Riese, sondern ein garstiger Frosch." „Was will der Frosch von dir?" „Ach lieber Vater, als ich gestern im Wald bei dem Brunnen saß und spielte, da fiel meine goldene Kugel ins Wasser. Und weil ich so weinte, hat sie der Frosch wieder heraufgeholt, und weil er es durchaus verlangte, so versprach ich ihm, er sollte mein Geselle werden, ich aber dachte nimmermehr, dass er aus seinem Wasser herauskönnte. Nun ist er draußen und will zu mir herein. Indem klopfte es zum zweiten Mal und rief: „Königstochter, jüngste, mach mir auf, weißt du nicht, was gestern du zu mir gesagt bei dem kühlen Brunnenwasser? Königstochter, jüngste, mach mir auf."

Da sagte der König: „Was du versprochen hast, das musst du auch halten; geh nur und mach ihm auf."

Sie ging und öffnete die Tür, da hüpfte der Frosch herein, ihr immer auf dem Fuße nach, bis zu ihrem Stuhl. Da saß er und rief: „Heb mich herauf zu dir." Sie zauderte, bis es endlich der König befahl. Als der Frosch erst auf dem Stuhl war, wollte er auf den Tisch, und als er da saß, sprach er: „Nun schieb mir dein goldenes Tellerlein näher, damit wir zusammen essen." Das tat sie zwar, aber wohl, dass sie's nicht gern tat. Der Frosch ließ sich's gut schmecken, aber ihr blieb fast jedes Bisslein im Halse. Endlich sprach er: „Ich habe mich satt gegessen und bin müde, nun trag mich in dein Kämmerlein und mach dein seiden Bettlein zurecht, da wollen wir uns schlafen legen." Die Königstochter fing an zu weinen und fürchtete sich vor dem kalten Frosch, den sie nicht anzurühren getraute und der nun in ihrem schönen reinen Bettlein schlafen sollte. Der König aber ward zornig und sprach: „Wer dir geholfen hat, als du in der Not warst, den sollst du hernach nicht verachten." Da packte sie ihn mit zwei Fingern, trug ihn hinauf und setzte ihn in eine Ecke. Als sie aber im Bette lag, kam er gekrochen und sprach: „Ich bin müde, ich will schlafen so gut wie du; heb mich herauf oder ich sag's deinem Vater." Da ward sie erst bitterböse, holte ihn herauf und warf ihn aus allen Kräften wider die Wand. „Nun wirst du Ruhe haben, du garstiger Frosch."

Als er aber herabfiel, war er kein Frosch, sondern ein Königssohn mit schönen und freundlichen Augen. Der war nun nach ihres Vaters Willen ihr lieber Geselle und Gemahl. Da erzählte er ihr, er wäre von einer bösen Hexe verwünscht worden, und niemand hätte ihn aus dem Brunnen erlösen können als sie allein, und morgen wollten sie zusammen in sein Reich gehen. Dann schliefen sie ein, und am andren Morgen, als die Sonne sie aufweckte, kam ein Wagen herangefahren, mit acht weißen Pferden bespannt, die hatten weiße Straußfedern auf dem Kopf und gingen in goldenen Ketten, und hinten stand der Diener des jungen Königs, das war der treue Heinrich.

Der treue Heinrich hatte sich so betrübt, als sein Herr war in einen Frosch verwandelt worden, dass er drei eiserne Bande hatte um sein Herz legen lassen, damit es ihm nicht vor Weh und Traurigkeit zerspränge. Der Wagen aber sollte den jungen König in sein Reich abholen; der treue Heinrich hob beide hinein, stellte sich wieder hinten auf und war voller Freude über die Erlösung. Und als sie ein Stück des Wegs gefahren waren, hörte der Königssohn, dass es hinter ihm krachte, als wäre etwas zerbrochen. Da drehte er sich um und rief: „Heinrich, der Wagen bricht." „Herr, der Wagen nicht, es ist ein Band von meinem Herzen, das da lag in großen Schmerzen, als ihr in dem Brunnen saßt, als ihr ein Frosch wart." Noch einmal und noch einmal krachte es auf dem Weg, und der Königssohn meinte immer, der Wagen bräche, und es waren doch nur die Bande, die vom Herzen des treuen Heinrich absprangen, weil sein Herr erlöst und glücklich war.

Aus: Gebrüder Grimm, Kinder- und Hausmärchen, Leipzig 1971

Märchen lesen und spielen

Lest das Märchen mit verteilten Rollen.

Märchen aus „Tausendundeine Nacht"

Die Geschichte von Abu Kasim, der Richter wurde

Niemand vermag bis heute zu sagen, ob Abu Kasim unter den Ersten oder unter den Letzten war, als Allah den Verstand verteilte, gewiss ist nur, dass der Kalif Harun ar-Raschid, der Fürst der Gläubigen, stets seine schützende Hand über ihn hielt, wenn er sich auch ebenso gern und oft über ihn lustig machte. Seht selbst: Eines Tages hatte der Kalif einen seltsamen Streit um „nichts" zu entscheiden.

Irgendein Kaufmann aus Basra hatte einem anderen Kaufmann Sklaven verkauft.
Nach langem Feilschen waren sie sich über den Preis einig geworden, der erste Kaufmann aber versuchte, auch danach noch mehr herauszuschlagen.
„Was gibst du noch hinzu?", fragte er.
„Nichts!", lautete die Antwort.
„Also gut, so gib mir denn dieses Nichts!", verlangte der aus Basra. „Wenn nicht, gehen wir zum Gericht!"
So geschah es denn auch, nur dass der Richter natürlich nicht wusste, was er mit diesem Nichts anfangen sollte, und den Streit an den Kalifen weiterleitete. Harun ar-Raschid hörte den Verkäufer an und erklärte dann: „Das ist wahrlich ein verzwickter Fall. Wenn sich einer findet, der ihn gerecht entscheidet, den ernenne ich zum obersten Richter."

Viele Gelehrte und Würdenträger versuchten ihr Heil, denn ein jeder wäre gern oberster Richter geworden. Aber all ihre Klugheit und Gewitztheit war diesem Fall nicht gewachsen. Keiner wusste mit dem Nichts etwas anzufangen ... Bis sich schließlich ein ganz gewöhnlicher Trommler namens Abu Kasim, ein stadtbekannter Geizkragen, beim Kalifen melden ließ und behauptete, die Sache in Ordnung bringen zu wollen.

„Lass ein Becken mit Wasser bringen", verlangte er von dem Kalifen, und als man das Becken gebracht hatte, nahm er den Kaufmann aus Basra an der Hand.
„Mach eine Faust!", befahl er ihm, tauchte dann die Hand des Kaufmanns ins Wasser und zog sie wieder heraus.
„Nun öffne die Hand und sage uns, was du darin hast!"
„Nichts", antwortete der Kaufmann verdattert.
„Wieso verlangst du dann dieses Nichts noch einmal?", schrie ihn der Trommler an.
„Scher dich weg vom Hof, wenn du nicht noch Strafe zahlen willst für deine Unverschämtheit!"

Der Kaufmann rannte davon, als sei ihm der Leibhaftige auf den Fersen; der Kalif aber lachte, wie er schon lange nicht mehr gelacht hatte. So wurde der Trommler Abu Kasim oberster Richter.

Aus: Märchen aus „Tausendundeine Nacht". Erzählt von Vladimir Hulpach. Verlag Werner Dausien. Hanau. 1982, S. 240–242

Baustein 3

Abenteuer in fremden Ländern

5./6. Jahrgang – 4 Doppelstunden

Schwerpunkt der Einheit

In fremden Ländern aufregende und gefährliche Abenteuer zu bestehen, das ist ein spannendes Thema für Schülerinnen und Schüler der Orientierungsstufe. Hier können sie ihre Fantasie spielen lassen und sie lernen gleichzeitig, die Handlung einer Geschichte im Spiel zu entwickeln, die sie später auch aufschreiben können.
Die fremde Umgebung bietet den Anreiz zum Spiel: Länder, von denen man gehört oder gelesen hat, oder die man aus Filmen kennt. Es geht dabei nicht um eine wirklichkeitsgetreue Wiedergabe von bestimmten Gegenden, sondern um eine reizvolle Umgebung für die Abenteuer, die man bestehen muss. Die Abenteuer führen die Schülerinnen und Schüler auf fremde Kontinente, sie erhalten erste Einblicke in fremde Länder und Kulturen. Im Mittelpunkt steht das Erlebnis, fremd zu sein in einer unbekannten Umgebung, sei es als Tourist in einem fremden Land oder als Einheimischer in Konfrontation mit unbekannten Gefahren und Menschen. Die Schauplätze können ein Eingeborenendorf im Dschungel, ein Basar in Marokko, eine Dorf der Eskimos in Grönland oder ein Slum in Südamerika sein.
Diese Einheit lässt sich zu einem fächerübergreifenden Projekt mit Erdkunde, Kunst oder Geschichte ausbauen. Aus verschiedenen Medien können Informationen und Bilder über unbekannte Gegenden gesammelt werden, man kann Reiseberichte lesen oder sich mit Landkarten und Zeichnungen über die Länder informieren. Im Kunstunterricht kann man Landkarten oder Einzelheiten aus den Ländern malen oder ein passendes Bühnenbild zu den gespielten Szenen erarbeiten.

Inhaltliche Vorbereitung

Man wählt gemeinsam zwei oder drei Länder aus, in denen die Abenteuer spielen sollen. Reizvoll ist es, dabei möglichst unterschiedliche Länder und Gegenden zu wählen, etwa Grönland und Brasilien. Dann beginnt die Informationsphase. Die Schülerinnen und Schüler sollen für sie leicht erreichbare Quellen nutzen – in Lesebüchern finden sich z. B. oft thematische Reihen etwa zum Leben der Inuit. Die Informationen dienen als Grundlage für die Szenen:

- *Such dir mit einem Partner ein Land aus, über das ihr euch informieren wollt. Sammelt in Schulbüchern, Lexika und anderen Medien Informationen über dieses Land und seine Einwohner.*
  Schreibt eure Informationen stichwortartig als Mindmap oder auf einem Plakat auf:
  - *Welche Menschen leben in diesem Land?*
  - *Welches Wetter/Klima herrscht dort?*
  - *Wie sieht die Landschaft aus?*
  - *Welche Tiere und Pflanzen gibt es?*
  - *Wie sind die Leute gekleidet?*
  - *...*

Die Mindmaps (M 7) und Plakate werden in der Klasse ausgestellt und besprochen.

Spielphase: 1. Doppelstunde

Der Raum wird hergerichtet, es beginnt mit einem Warm-up (Anleitungen zu den Übungen findet man in Kapitel 6):

- Bunny, Bunny, Bunny (1: Einstieg und Aufwärmen)
- Stimme aufwärmen (3: Atem, Stimme, Sprache)
- Soundball (3: Atem, Stimme, Sprache)

Im Sitzkreis überlegt man gemeinsam, welche Abenteuer in den vorher besprochenen Ländern und Gegenden passieren könnten, und sammelt Anregungen. Diese Abenteuer könnte man erleben:

- Eskimos in Grönland gehen gemeinsam auf die Bärenjagd und werden von einem großen Bär angriffen. Sie treffen auf einen anderen Eskimostamm, der eine fremde Sprache spricht. Touristen machen eine Expedition im Dschungel, verirren sich und treffen auf wilde Tiere. Sie begegnen einem Eingeborenenstamm, dessen Sprache sie nicht verstehen.

Es werden arbeitsteilige Gruppen eingeteilt (M 1, 2), die sich eine „Minigeschichte" überlegen. Im Mittelpunkt steht der Handlungsrahmen:

> ■ *Überlegt euch eine Szene in einem der Länder. Beantwortet vorher diese Fragen:*
> - *An welchem Ort spielt die Szene? (Z. B. mitten im Dschungel, ...)*
> - *Welche Personen spielen mit?*
> - *Welches Abenteuer erleben sie? (Stoßen sie auf wilde Tiere, ...?)*
> - *Wie fängt die Szene an, wie hört sie auf?*

Die Gruppen beantworten die Fragen stichwortartig auf einem Zettel und proben die Szenen in einem ersten Entwurf.
Die Szenen werden vorgespielt (M 3), die Schülerinnen und Schüler geben positive Anregungen, was man noch ergänzen kann, bzw. ob etwas unklar geblieben ist. Die Gruppensprecher ergänzen die Notizen vom Anfang.
Die Stunde endet mit einem Blitzlicht (M 6) zu der begonnenen Arbeit.

2. Doppelstunde

Es beginnt mit einigen Übungen aus der 1. Doppelstunde. Im Vordergrund steht dabei eine Übung zur Verständigung in fremden Sprachen:

- Grommolo (3: Atem, Stimme, Sprache): Man verständigt sich nur in Lauten ohne richtigen Sinn, der Tonfall macht deutlich, was gemeint ist.

Im Sitzkreis wird das Ziel der heutigen Stunde formuliert: Die Szenen sollen überarbeitet und mit Einzelheiten angereichert werden, damit sie noch spannender werden. Gemeinsam sammelt man an einer Tafel Punkte, die noch geklärt werden müssen:

- Welche Kleidung tragen die Personen in der Szene?
- Was essen sie, wo wohnen sie?
- Wie bewegen sie sich?
- Wie sprechen sie miteinander?

Hier kann man die Anregung geben, dass entweder die Gruppe untereinander in einer fremden Sprache spricht oder sie auf Lebewesen treffen, deren Sprache sie nicht verstehen. Wie kann man sich verständigen? Gemeinsam sucht man Lösungsmöglichkeiten:

- Man spricht mit Händen und Füßen.
- Man versucht es in anderen Sprachen.
- ...

Einige Schülerinnen und Schüler können exemplarisch vormachen, wie

- sich ein Eskimo im Eis bewegt oder auf dem Eis friert,
- ein Tourist im Dschungel Durst und nichts zu trinken hat,
- ein Tiger auf der Jagd ist.

Die Gruppen arbeiten weiter an ihren Szenen mit folgendem Arbeitsauftrag:

Überarbeitet eure Szenen und achtet dabei auf folgende Einzelheiten:
- *Wie bewegen sich die Leute in der Szene?*
- *Wie sind sie gekleidet?*
- *Wie werden z. B. Tiere dargestellt?*
- *Wie sprechen sie miteinander?*

Die Gruppen spielen ihre Szenen vor (M 3), die Schülerinnen und Schüler schildern ihre Eindrücke und geben Anregungen.
Gemeinsam wird im Sitzkreis überlegt, was noch an der Ausstattung für die einzelnen Szenen fehlt:

- Wie kann man den Urwald oder ein Iglu darstellen?
- Können mehrere Gruppen dieselben Kulissen benutzen?

Hausaufgabe: Die Gruppen bringen die Teile der Ausstattung, die nicht in der Schule verfügbar sind, von zu Hause mit.

Gemeinsam wird überlegt, ob man für die Aufführung in der nächsten Doppelstunde eine andere Klasse einlädt.
Die Stunde endet mit einem Blitzlicht (M 6).

3. Doppelstunde

Die Stunde beginnt mit einigen Übungen aus der 1. Doppelstunde. Im Sitzkreis werden die Ziele für diese Stunde besprochen: Die Szenen werden am Schluss der Stunde vorgeführt, vorher werden sie noch einmal geprobt. Die mitgebrachten Ausrüstungsgegenstände werden vorgestellt, eventuell benutzen mehrere Gruppen die gleichen Gegenstände. Anschließend beginnt die Arbeit der Gruppen. Die Szenen werden vorgeführt, dazu kann man eine Parallelklasse einladen.

4. Doppelstunde

Die Schülerinnen und Schüler können jetzt die Szenen, die sie entwickelt haben, mithilfe der Collagentechnik (M 10) schriftlich festhalten: Zuerst wird das Handlungsgerüst notiert, dann werden die Dialoge eingefügt.
Die Schülerinnen und Schüler können auch in Einzelarbeit die Szene als Anlass nehmen, eine Geschichte aufzuschreiben.

Möglichkeiten der Leitungsbewertung

- Die Gruppenarbeit wird bewertet.
- Die Gruppe verfasst einen Bericht über die gesamte Arbeit am Thema (M 5).
- Es werden Beschreibungen oder Zeichnungen von einzelnen Figuren, Tieren oder des Schauplatzes verfasst und gemalt.
- Die Szenen werden aufgeschrieben, indem in das Handlungsgerüst die Dialoge eingefügt werden (M 10).
- Die gespielten Szenen werden als Geschichte aufgeschrieben.

Notizen

Baustein 4

Verwandlungs- und Fantasiegeschichten

6./7. Jahrgang – 4 Doppelstunden

Schwerpunkt der Einheit

Oft benutzen Schüler, wenn sie Geschichten erzählen oder aufschreiben, nur bekannte Versatzstücke aus Medien und setzen sie ohne erkennbaren Spannungsbogen hintereinander. In den „Verwandlungsgeschichten" lernen die Schüler, der eigenen Fantasie zu vertrauen und in spielerischer Form eigene Ideen zu entfalten. Sie merken dabei, dass diese tragfähig und einigen Medienmustern zumindest ebenbürtig sind.
Der inhaltliche Impuls besteht darin, dass vertraute Gegenstände des Alltags „lebendig" werden. Aus dieser „Reibung" von Alltag und Fantasie können die Schüler interessante Spielideen entwickeln. Diese Ideen werden in Szenen umgesetzt, auch wenn sie auf den ersten Blick ungewöhnlich erscheinen. Diese Spielideen können wiederum als Ausgangspunkt dafür dienen, die Szenen als Geschichten aufzuschreiben.
Dabei lernen die Schüler verschiedene Methoden kennen: Ein Placemat (M 8) hilft ihnen, ihre Ideen zu einer spielfähigen Szene zu entwickeln. Mithilfe einer Collagentechnik (M 10) können sie ihre Szenen in Schriftform bringen.

Inhaltliche Vorbereitung

Zugang 1: Eine Lesephase regt die Fantasie an und macht mit ungewöhnlichen Ideen und Lösungen vertraut. Dazu bieten sich verschiedene Geschichten und Erzählanlässe an:

- Schüler erzählen in kleinen Gruppen ungewöhnliche Geschichten, die sie in der Familie oder im Freundeskreis gehört haben (freiwillig auch in der ganzen Klasse).
- Gemeinsam werden ungewöhnliche Geschichten gelesen (siehe dazu die **Arbeitsblätter 9** bis **11**, S. 38–40):
  - Die Texte werden mit verteilten Rollen gelesen: Einer liest den Erzähler, andere die jeweiligen Personen,
  - die Texte können auch abschnittsweise vorgelesen werden.

Gemeinsam bespricht man die besondere Form der Texte mit folgenden Zwischenschritten:

- *Lest den Text sorgfältig durch:*
  - *Markiert die Stellen, an denen Realität „verbogen" bzw. gelogen wird.*
  - *Woran erkennt man das?*
  - *Welche Stellen findet ihr besonders interessant?*
  - *Überlegt, warum solche Geschichten erzählt werden.*

Zugang 2: Man kann sich dem Thema über selbst geschriebene kleine Geschichten nähern. Die Ausgangssituation: Im eigenen Zimmer verwandeln sich plötzlich Gegenstände und erwachen zum Leben. Gemeinsam kann man Ideen sammeln:

- Welche Gegenstände können das sein?
  - ein Bild an der Wand
  - ein Stuhl
  - eine Uhr
- Was machen die Gegenstände, wenn sie ein Eigenleben entwickeln?
  - das Bild fängt an sich zu bewegen
  - ein Stuhl wird unruhig und geht im Zimmer umher
  - …

Die Geschichten werden aufgeschrieben und in kleinen Gruppen/der ganzen Klasse vorgelesen. Sie liefern inhaltliche Anregungen für die späteren Szenen.

Spielphase: 1. Doppelstunde

Der Raum wird vorbereitet, es beginnt mit lockeren Aufwärmübungen (Anleitungen zu den Übungen findet man in Kapitel 6):

- Beschützer und Verfolger (1: Einstieg und Aufwärmen)
- Gänge ausprobieren (1: Einstieg und Aufwärmen)
- Blinde führen (2: Wahrnehmen und Vertrauen gewinnen)

Das Ziel wird formuliert: Entwickelt Szenen, in denen Gegenstände lebendig werden. Gemeinsam werden auf einer Tafel/einem Plakat Ideen gesammelt – hier kann man die Ideen aus den Geschichten „Gegenstände im eigenen Zimmer" (Zugang 2) nutzen:

- Der Spiegel spricht beim morgendlichen Waschen mit dem Benutzer …
- Die Mülltonne fängt an zu sprechen: Sie ärgert sich, dass …
- Das Mofa/Fahrrad verweigert seinen Dienst, weil …
- Ein Plakat im Klassenzimmer beginnt auf einmal zu sprechen.
- Der Computer entwickelt ein Eigenleben.
- Ein Stofftier wird lebendig.
  (Ein Hinweis: Sprechende lebende Tiere führen in bekannte Filmklischees und gehören nicht zum Thema.)

Gruppen werden eingeteilt und wählen ihre Sprecher (M 1, 2). Es folgen kurze szenische Übungen in Gruppen unter dem Motto: Gegenstände werden lebendig. Der Arbeitsauftrag:

■ *Jede Gruppe sucht sich einen Gegenstand aus, der lebendig wird.*
Denkt euch zu diesem Gegenstand eine kleine Szene aus und spielt sie vor.
Ihr habt 15 Minuten Zeit.

Die Zuschauer können erraten, was gespielt wird und welcher Gegenstand lebendig wird. Hilfreich ist ein Austausch darüber, welche Gegenstände sich besonders zur Verwandlung eignen und welche sich gut spielen lassen. Diese Gegenstände werden an der Tafel/auf einem Plakat notiert.
Die Gruppen bleiben bestehen oder es werden neue eingeteilt. Die Gruppen bekommen den Arbeitsauftrag:

■ *Entwickelt eine Szene, in der Gegenstände lebendig werden. Die Szene kann in der Klasse, in der Wohnung oder im eigenen Zimmer spielen:*
- *Überlegt, welche Gegenstände mitspielen, was alles passiert und auf wen sie treffen.*
- *Spielt die Szene einmal probeweise durch.*

Gruppenarbeit: Auf einem Placemat (M 8) sammeln die Gruppenmitglieder erst einmal eigene Ideen, vergleichen ihre Einfälle und suchen einen gemeinsamen Vorschlag aus.

- Welche Gegenstände sollen vorkommen?
- Was machen sie?
- Wen treffen sie?
- Wie unterhalten sie sich?

Sie spielen die Szenen einmal durch und verbessern sie – falls nötig. Alle Gruppen stellen ihre Ideen einmal vor – die Reihenfolge richtet sich nach der zugeteilten Nummer (M 3). Das Publikum kommentiert die Szenen und macht Verbesserungsvorschläge.
Ein Blitzlicht (M 6) beendet die Arbeit in der Doppelstunde.

2. Doppelstunde

Es beginnt mit den Aufwärmübungen der 1. Doppelstunde. Im Sitzkreis sprechen alle über den Stand der Arbeit. In diesem Zusammenhang werden die einzelnen Schritte der Collagentechnik (M 10) den Schülern vorgestellt. Der Arbeitsauftrag:

■ *Verbessert eure Szenen und legt die endgültige Form fest.*
Schreibt die Handlung in Stichworten auf einem Plakat auf.

Die Gruppen überlegen, was sie nach dem ersten Vorspiel an ihren Szenen verbessern wollen, und schreiben den Handlungsablauf stichwortartig auf einen Zettel oder ein Plakat.

- Dabei können Teile der Handlung (z. B. der Schluss) geändert werden.
- Die Bewegungen und Handlungen der Figuren werden genau festgelegt.
- Die Sprechtexte werden aufgeschrieben.

Die Szenen werden einmal geprobt. Hilfestellungen bei der Gruppenarbeit:

- Bei Verwandlungsgeschichten gibt es technische Herausforderungen: Wie stellt man die Gegenstände dar?
- Wenn ein Gegenstand spricht, wo versteckt sich der Sprecher?
- Wie lässt sich ein Gegenstand bewegen, ohne dass es dem Publikum auffällt?

Alle setzen sich in die Publikumsreihe und die Gruppen stellen ihre Szenen vor. Das Publikum schildert, was es gut fand, und macht eventuell Verbesserungsvorschläge, z. B. zu technischen Abläufen.
Die Stunde wird durch ein Blitzlicht (M 6) abgeschlossen.

3. Doppelstunde

Im Sitzkreis berichten die Sprecher der Gruppen über den Stand der Arbeit. Gemeinsam wird geklärt, wo noch Hilfestellungen nötig sind.

Die Gruppen arbeiten weiter an den Szenen, bereiten die Aufführung vor und klären technische Aspekte:

- Welche Requisiten müssen noch besorgt werden?
- Muss die Bühne abgehängt werden, um Spieler zu verbergen etc.?
- Wirken die Gegenstände echt?

Die fertigen Szenen werden aufgeführt, das Publikum kommentiert die einzelnen Szenen.

4. Doppelstunde

Die Gruppe schreibt die Szenen auf: Die gesprochenen Dialoge werden in die Handlung eingefügt (M 10).
Alternativ: Die einzelnen Schüler nehmen ihre eigene Szene oder andere Szenen aus der Lerngruppe als Ausgangspunkt für eine Geschichte, die sie aufschreiben.

Möglichkeiten der Leistungsbewertung

- Die gespielten Szenen werden aufgeschrieben und dialogisiert (M 10).
- Die gespielten Szenen werden als Geschichte aufgeschrieben.
- Die Gruppenarbeit wird bewertet.
- Es werden Beschreibungen der einzelnen Rollen verfasst (mit Bildern).
- Die Gruppe verfasst einen Bericht über die gesamte Arbeit am Thema (M 5).

Notizen

Fantastische Geschichten lesen

Teilt euch in Gruppen und lest einen der beiden Texte. Gliedert den Text in Abschnitte. Achtet auf die Betonung bei spannenden Stellen. Die Satzzeichen geben Hinweise.

Erich Kästner

Die Enten an der Schnur und andere Jagdgeschichten

(1) Während der Jagd bemerkte ich eines schönen Morgens ein paar Dutzend Wildenten, die friedlich auf einem kleinen See herumschwammen. Hätte ich eine Ente geschossen, wären die anderen davongeflogen, und das wollte ich natürlich nicht. Da kam mir ein guter Gedanke. Ich dröselte eine lange Hundeleine auf, verknotete die Teile, sodass sie nun vier Mal so lang wie vorher war, und band an einem Ende ein Stückchen Schinkenspeck fest, das von meinem Frühstück übrig geblieben war.

Dann versteckte ich mich im Schilf und warf vorsichtig meine Leine aus. Schon schwamm die erste Ente herbei und verschlang den Speck. Da er sehr glatt und schlüpfrig war, kam er bald, samt dem Faden, an der Rückseite der Ente wieder heraus. Da kam auch schon die nächste Ente angerudert und verschlang das Speckstückchen. Auch bei ihr tauchte es kurz darauf hinten wieder auf, und so ging es weiter! Der Speck machte seine Reise durch alle Enten hindurch, ohne dass die Leine riss, und sie waren daran aufgereiht wie die Perlen an einer Schnur.

Ich zog meine Enten an Land, schlang die Leine sechs Mal um mich herum und ging nach Hause. Die Enten waren sehr schwer, und ich war schon recht müde, da begannen die Enten, die ja alle noch lebendig waren, plötzlich mit den Flügeln zu schlagen und stiegen in die Luft! Mit mir! Denn ich hatte die Leine um mich herum gewickelt! Sie schienen zu dem See zurückfliegen zu wollen, aber ich benutzte meine langen Rockschöße als Ruder, und so mussten die Enten umkehren. Ich steuerte sie landeinwärts, bis wir nicht mehr weit von meiner Wohnung entfernt waren. Nun drehte ich der ersten Ente den Hals um, dann der zweiten, schließlich einer nach der anderen, und so sackte ich sanft und langsam auf mein Haus herunter, mitten durch den Schornstein und haargenau auf den Küchenherd, wo die Enten ja hin sollten. Mein Koch staunte nicht schlecht! Zu meinem Glück brannte auf dem Herd noch kein Feuer. Sonst hätte es wo möglich Münchhausenbraten gegeben statt Entenbrust mit Preiselbeeren!

(2) Eines Tages fiel mich ein fürchterlicher Wolf an, und zwar so überraschend, dass ich nicht zum Schießen kam. Mir blieb in der Eile nichts anderes übrig, als ihm die Faust in den offenen Rachen zu stoßen. Ich stieß immer weiter zu, denn was hätte ich sonst tun sollen? Schließlich hatte ich meinen Arm bis zur Schulter in dem schrecklichen Biest drin. Stirn an Stirn mit einem Wolf, dessen Maul schäumte und dessen flammende Augen vor Mordlust blitzten – nein, sehr wohl war mir nicht! Ganz und gar nicht! Weil ich keinen andern Ausweg sah, packte ich den Wolf fest bei den Eingeweiden, krempelte sein Inneres nach außen, als wäre er ein Handschuh, warf ihn beiseite, ließ ihn im Wald liegen und ging erleichtert meiner Wege.

Mit dem tollen Hunde, der mich tags darauf in einem Petersburger Gässchen anfiel, hätte ich das nicht probieren mögen. Lauf, was du kannst!, dachte ich und rannte, was das Zeug hielt. Währenddessen zog ich den Überrock aus und warf ihn auf die Straße. Der Hund fiel über den Rock her und ich rettete mich in ein Haus. Später ließ ich den Rock durch meinen Bediensteten holen und, nachdem ich ihn geputzt und ausgebessert hatte, in den Kleiderschrank hängen. Am Nachmittag stürzte der Diener entsetzt in mein Zimmer und rief: „Herr Baron! Der Rock ist toll!“ Ich lief mit ihm zum Kleiderschrank. Die meisten Röcke, Hosen und Westen hatte der tollwütige Rock schon zerrissen und zerfetzt. Ich ließ mir eine Pistole bringen und konnte ihn gerade noch, als er über meine kostbare Galauniform herfallen wollte, totschießen.
Das ist übrigens der einzige in der Medizin bekannte Fall, dass die Hundetollwut auch Kleider ansteckt.

Aus: Erich Kästner erzählt. Die wunderbaren Reisen und Abenteuer zu Wasser und zu Lande des Freiherrn von Münchhausen. Hamburg: Dressler 1999

Fantastische Geschichten lesen

■ *Teilt euch in Gruppen auf und lest den Text mit verteilten Rollen: Einer liest den Erzähler, andere lesen die jeweiligen Personen.*
Ihr könnt auch den Text in Abschnitte aufteilen; jeder übernimmt einen Abschnitt.

Gebrüder Grimm
Strohhalm, Kohle und Bohne

In einem Dorfe wohnte eine arme alte Frau, die hatte ein Gericht Bohnen zusammengebracht und wollte sie kochen. Sie machte also auf ihrem Herd ein Feuer zurecht, und damit es desto schneller brennen sollte, zündete sie es mit einer Handvoll Stroh an. Als sie die Bohnen in den Topf schüttete, entfiel ihr unbemerkt eine, die auf dem Boden neben einen Strohhalm zu liegen kam; bald danach sprang auch eine glühende Kohle vom Herd zu den beiden herab. Da fing der Strohhalm an und sprach: „Liebe Freunde, von wannen kommt ihr her?“ Die Kohle antwortete: „Ich bin zu gutem Glück dem Feuer entsprungen, und hätte ich das nicht mit Gewalt durchgesetzt, so war mir der Tod gewiss: Ich wäre zu Asche verbrannt.“ Die Bohne sagte: „Ich bin auch noch mit heiler Haut davongekommen, aber hätte mich die Alte in den Topf gebracht, ich wäre ohne Barmherzigkeit zu Brei gekocht worden wie meine Kameraden.“ „Wäre mir denn ein besser Schicksal zuteilgeworden?“, sprach das Stroh. „Alle meine Brüder hat die Alte in Feuer und Rauch aufgehen lassen, sechzig hat sie auf einmal gepackt und ums Leben gebracht. Glücklicherweise bin ich ihr zwischen den Fingern durchgeschlüpft.“ „Was sollen wir aber nun anfangen?“, sprach die Kohle. „Ich meine“, antwortete die Bohne, „weil wir so glücklich dem Tode entronnen sind, so wollen wir uns als gute Gesellen zusammenhalten und, damit uns hier nicht wieder ein neues Unglück ereilt, gemeinschaftlich auswandern und in ein fremdes Land ziehen.“

Der Vorschlag gefiel den beiden andern, und sie machten sich miteinander auf den Weg. Bald aber kamen sie an einen kleinen Bach, und da keine Brücke oder Steg da war, so wussten sie nicht, wie sie hinüberkommen sollten. Der Strohhalm fand guten Rat und sprach: „Ich will mich quer überlegen, so könnt ihr auf mir wie auf einer Brücke hinübergehen.“ Der Strohhalm streckte sich also von einem Ufer zum andern, und die Kohle, die von hitziger Natur war, trippelte auch ganz keck auf die neu gebaute Brücke. Als sie aber in die Mitte gekommen war und unter ihr das Wasser rauschen hörte, ward ihr doch angst; sie blieb stehen und getraute sich nicht weiter. Der Strohhalm aber fing an zu brennen, zerbrach in zwei Stücke und fiel in den Bach; die Kohle rutschte nach, zischte, wie sie ins Wasser kam, und gab den Geist auf. Die Bohne, die vorsichtigerweise noch auf dem Ufer zurückgeblieben war, musste über die Geschichte lachen, konnte nicht aufhören und lachte so gewaltig, dass sie zerplatzte. Nun war es ebenfalls um sie geschehen, wenn nicht zu gutem Glück ein Schneider, der auf der Wanderschaft war, sich an dem Bach ausgeruht hätte. Weil er ein mitleidiges Herz hatte, so holte er Nadel und Zwirn heraus und nähte sie zusammen. Die Bohne bedankte sich bei ihm aufs Schönste, aber da er schwarzen Zwirn gebraucht hatte, so haben seit der Zeit alle Bohnen eine schwarze Naht.

Aus: Gebrüder Grimm, Kinder- und Hausmärchen, Leipzig 1971

Fantastische Geschichten lesen

Teilt euch in Gruppen auf und lest den Text mit verteilten Rollen: Einer liest den Erzähler, andere lesen die jeweiligen Personen.
Ihr könnt auch den Text in Abschnitte aufteilen; jeder übernimmt einen Abschnitt.

(nacherzählt von Erich Kästner)

Wie Eulenspiegel einem Esel das Lesen beibrachte

Eine Zeit lang beschäftigte sich Eulenspiegel damit, dass er von Universität zu Universität zog, sich überall als Gelehrter ausgab und die Professoren und Studenten neckte. Er behauptete, alles zu wissen und zu können. Und er beantwortete tatsächlich sämtliche Fragen, die sie ihm vorlegten. Bei dieser Gelegenheit kam er schließlich nach Erfurt. Die Erfurter Studenten und ihr Rektor hörten von seiner Ankunft und zerbrachen sich den Kopf, was für eine Aufgabe sie ihm stellen könnten. „Denn so wie denen in Prag“, sagten sie, „soll es uns nicht ergehen. Er soll nicht uns, sondern wir wollen ihn hereinlegen.“

Endlich fiel ihnen etwas Passendes ein. Sie kauften einen Esel, bugsierten das störrische Tier in den Gasthof „Zum Turm“, wo Eulenspiegel wohnte, und fragten ihn, ob er sich zutraue, dem Esel das Lesen beizubringen. „Selbstverständlich“, antwortete Till. „Doch da so ein Esel ein dummes Tier ist, wird der Unterricht ziemlich lange dauern.“ „Wie lange denn?“, fragte der Rektor der Universität. „Schätzungsweise zwanzig Jahre“, meinte Till. Und hierbei dachte er sich: Zwanzig Jahre sind eine lange Zeit. Bis dahin stirbt vielleicht der Rektor. Dann geht die Sache gut aus. Oder ich sterbe selber. Oder der Esel stirbt, und das wäre das Beste.

Der Rektor war mit den zwanzig Jahren einverstanden. Eulenspiegel verlangte fünfhundert alte Groschen für seinen Unterricht. Man gab ihm einen Vorschuss und ließ ihn mit seinem vierbeinigen Schüler allein. Till brachte das Tier in den Stall. In die Futterkrippe legte er ein großes altes Buch, und zwischen die ersten Seiten des Buches legte er Hafer. Das merkte sich der Esel. Und um den Hafer zu fressen, blätterte er mit dem Maul die Blätter des Buches um. War kein Hafer mehr zu finden, rief der Esel laut: „I-a, i-a!“ Das fand Eulenspiegel großartig, und er übte es mit dem Esel wieder und wieder.

Nach einer Woche ging Till zu dem Rektor und sagte: „Wollen Sie bei Gelegenheit einmal mich und meinen Schüler besuchen?“ „Gern“, meinte der Rektor. „Hat er denn schon einiges gelernt?“ „Ein paar Buchstaben kann er bereits“, erklärte Eulenspiegel stolz. „Und das ist ja für einen Esel und für eine Woche Unterricht allerhand.“ Schon am Nachmittag kam der Rektor mit den Professoren und Studenten in den Gasthof, und Till führte sie in den Stall.
Dann legte er ein Buch in die Krippe. Der Esel, der seit einem Tag kein Futter gekriegt hatte, blätterte hungrig die Seiten des Buches um. Und da Eulenspiegel diesmal überhaupt keinen Hafer ins Buch gelegt hatte, schrie das Tier unaufhörlich und so laut es konnte: „I-a, i-a, i-a!“ „I und A kann er schon, wie Sie hören“, sagte Eulenspiegel. Morgen beginne ich damit, ihm O und U beizubringen.“ Da gingen die Herren wütend fort. Der Rektor ärgerte sich so sehr, dass ihn bald darauf der Schlag traf. Und Till jagte den Esel aus dem Stall. „Scher dich zu den anderen Erfurter Eseln!“, rief er ihm nach. Dann schnürte er sein Bündel und verließ die Stadt noch am selben Tag.

Aus: Erich Kästner erzählt. Till Eulenspiegel. Hamburg: Dressler Verlag 1991

Baustein 5

Begegnungen mit Fremden

7./8. Jahrgang – 8 Doppelstunden

Schwerpunkt der Einheit

Vor dem Hintergrund der aktuellen Lebenssituation der Schülerinnen und Schüler und im Hinblick auf das Leitziel der kulturellen Bildung sind „Begegnungen mit Fremden" ein zentrales Thema. Ein wichtiges Ziel dieser Unterrichtsreihe ist es, Schülerinnen und Schüler „fremde" Kulturen näherzubringen, das heißt, den Kontakt zu Fremden spielerisch zu erleben und zu gestalten. Der fachliche Schwerpunkt dieser Unterrichtsreihe liegt auf dem spielerischen Erfinden von Geschichten und deren Verschriftlichung.

Inhaltliche Vorbereitung

Um das Thema inhaltlich vorzubereiten, gibt es mehrere Möglichkeiten:
Die Schülerinnen und Schüler erörtern in Gesprächsrunden folgende Themen:

- Was ist ein Fremder, eine Fremde? Wann bin ich ein Fremder bzw. eine Fremde?
- Wo ist die Fremde? Welche Kulturen sind in der Klasse, der Schule, dem Wohnort vertreten?
- Wie begegnet man Fremden?

In Kleingruppen werden mit Mindmapping (M 7) verschiedene Aspekte zu der Frage „Woran erkenne ich einen Fremden?" gesammelt.
Gemeinsam schauen sie sich Filme zum Thema an (z. B.: „Fremder Freund", der die Geschichte einer deutsch-jemenitischen Jungenfreundschaft erzählt), hören entsprechende Musiktitel oder lesen Texte, Bücher, Zeitungsartikel oder Stücke, z. B. Karl Valentin: „Fremdheit" (**Arbeitsblatt 12**, S. 46).
Die Klasse unternimmt Exkursionen in Stadtteile mit hohem Migrantenanteil oder sie schaut sich in dem eigenen Stadtteil aufmerksam um.

Begegnung

Spielphase: 1. Doppelstunde

Einstieg in das Thema „Begegnungen mit Fremden":
Im Sitzkreis kündigt der Lehrer das Thema der Theaterarbeit an und fordert die Schülerinnen und Schüler auf, ihre Eindrücke und Erlebnisse mit dem Thema „Begegnungen mit Fremden" zu erzählen. Eventuell lesen die Schülerinnen und Schüler die *Szene* von Karl Valentin zur Fremdheit mit verteilten Rollen. Abschließend

werden Assoziationen zu möglichen selbst erarbeiteten Stücken bzw. *Szenen* gesammelt. Zum praktischen Einstieg in die Theaterarbeit werden Spiele und Übungen gemacht, die die Schülerinnen und Schüler auf das Theaterspiel einstimmen. Dazu wird zunächst der Raum so hergerichtet, dass eine möglichst große freie Fläche entsteht. Mögliche Übungen (Anleitungen zu den Übungen finden sich in Kapitel 6):

- Beschützer und Verfolger (1: Einstieg und Aufwärmen)
- Blinde führen (2: Wahrnehmen und Vertrauen gewinnen)
- Soundball (3: Atem, Stimme, Sprache)

Anschließend erarbeiten die Schülerinnen und Schüler in Kleingruppen, die nicht größer sein sollten als drei bis vier Personen, ein *Standbild* zum Thema „Ein Fremder in der Stadt". Die *Standbilder* aller Gruppen werden vor der ganzen Klasse vorgeführt. Im Anschluss daran besprechen die Zuschauer die *Standbilder*:
Was erzählen die *Standbilder*? Wie ist die Beziehung zwischen den Fremden und den Einheimischen? Wie könnte eine *Szene* aussehen, in der dieses *Standbild* vorkommt?
Im Anschluss daran werden weitere Ideen für *Szenen* gesammelt und schriftlich festgehalten.
Zum Beispiel:

- Ein fremder Besucher fragt nach dem Weg.
- Viele Menschen treffen sich. Jeder spricht eine andere Sprache.
- Ein türkisches Mädchen stellt seiner Familie seinen deutschen Freund vor.

Im Sitzkreis wird in einer Blitzlichtrunde (M 6) die Arbeit in der Doppelstunde reflektiert:

- Was haben wir gemacht?
- Wie fandet ihr es?
- Was können wir beim nächsten Mal verbessern?

2. Doppelstunde

Um die Planung für die Schülerinnen und Schüler transparent zu machen und sie einzubeziehen, informiert der Lehrer/die Lehrerin sie über den geplanten Ablauf der Doppelstunde. Er teilt ihnen mit, dass nach einem einführenden Theatertraining die ersten *Szenen* improvisiert werden.
Das Theatertraining findet wie immer im leeren Raum statt:

- Katz und Maus (1: Einstieg und Aufwärmen)
- Blinde führen (2: Wahrnehmen und Vertrauen gewinnen)
- Stimme aufwärmen (3: Atem, Stimme, Sprache)

Als Nächstes bekommen die Schülerinnen und Schüler die Aufgabe, in Kleingruppen zu arbeiten. Als Einstieg in die Kleingruppenarbeit werden die *Szenen*ideen der letzten Stunde vorgelesen. Nachdem sich die Kleingruppen gebildet haben, entscheiden sich die Gruppen für eine *Szenen*idee und improvisieren sie.

■ *Denkt euch eine Szene zum Thema „Begegnungen mit Fremden" aus und probt sie so, dass ihr sie später der ganzen Klasse vorspielen könnt. Das heißt: Legt fest, was ihr spielt und wer welche Rolle hat. Einigt euch auf einen Anfang und ein Ende.*

Beispiel:
- Zwei Mädchen gehen durch eine fremde Stadt.
- Zwei einheimische Jungen kommen ihnen entgegen.
- Einer der Jungen redet auf ein Mädchen ein.
- Die Mädchen bekommen Angst.
- Der andere Junge merkt, dass die Mädchen kein Wort verstehen, und versucht zu übersetzen.
- Es stellt sich heraus, dass eine Verwechslung vorliegt.
- Die Jungen laden die Mädchen zu einem Getränk ein.

Nachdem die Kleingruppen ihre *Szenen* geprobt haben, spielen sie sie der ganzen Klasse vor, die in der *Publikumsreihe* sitzt.
Das Publikum gibt zu den einzelnen *Szenen* sachliche Rückmeldungen:

- Welche *Szenen* greifen das Thema in einer interessanten und spannenden Art auf?
- Welche *Szenen* sind noch nicht eindeutig oder sehenswert?
- Welche Verbesserungsmöglichkeiten gibt es?

Im Sitzkreis wird in einer Blitzlichtrunde (M 6) die Arbeit in der Doppelstunde reflektiert:

- Was haben wir gemacht?
- Wie fandet ihr es?
- Was können wir beim nächsten Mal verbessern?

3. Doppelstunde

Im Sitzkreis erfolgt die Ankündigung des Ablaufs der Doppelstunde bzw. die gemeinsame Besprechung des Ablaufs.
Das Theatertraining besteht aus den Übungen:

- Bunny, Bunny, Bunny (1: Einstieg und Aufwärmen)
- Isolationsübungen (2: Wahrnehmen und Vertrauen gewinnen)
- Kreis mit Bewegung und Ton (4: Darstellen und Ausdruck)

Die Klasse arbeitet in Kleingruppen an ihren *Szenen* unter Berücksichtigung der Rückmeldungen der letzten Unterrichtseinheit:

- *Verbessert die Szenen der letzten Unterrichtseinheit, indem ihr die Änderungsvorschläge der letzten Stunde aufgreift, oder denkt euch eine neue Szene zum Thema „Begegnungen mit Fremden" aus.*
- *Probt eure Szenen so, dass ihr sie später der ganzen Klasse vorspielen könnt. Achtet beim Proben darauf, dass ihr möglichst nicht mit dem Rücken zum Publikum steht.*

Nachdem die *Szenen* im Plenum vorgespielt wurden, geben die Zuschauer Rückmeldungen:

- Sind die neuen *Szenen* interessant?
- Sind die überarbeiteten *Szenen* schlüssiger geworden?
- Was kann man noch verbessern?

Zum Abschluss schreiben die Kleingruppen eine Handlungsskizze ihrer jeweiligen *Szenen.*
Zum Beispiel:
Nina und Jeanette verbringen ihren Urlaub im Ausland. Sie machen einen Stadtbummel. Zwei einheimische Jungen kommen ihnen entgegen. Mirko und Carlos gehen zunächst an

den Mädchen vorbei, schauen sie aber auffällig an. Die Mädchen wundern sich und gehen weiter. Plötzlich kommen die Jungen zurück und Carlos redet wild auf Nina ein. Er gestikuliert heftig und scheint wütend zu sein. Nina und Jeanette bekommen Angst. Sie schauen sich um, aber niemand kümmert sich um sie. Mirko versucht, seinen Freund zu beruhigen. Er merkt, dass die Mädchen kein Wort verstehen. Mühsam übersetzt er, dass Carlos glaubt, Nina sei die Schwester seiner früheren Freundin, die ihn verlassen hat. Es stellt sich heraus, dass Carlos Nina verwechselt hat. Die Jungen laden Nina und Jeanette zu einem Getränk ein. Sie verabreden, dass Carlos und Mirko den Mädchen die Stadt zeigen.
Anschließend findet eine Blitzlichtrunde (M 6) statt.

4. Doppelstunde

Die Unterrichtseinheit beginnt mit dem Sitzkreis und der Besprechung des Ablaufs der Doppelstunde. Dann folgt das Theatertraining:

- Gefühlsstatue (4: Darstellen und Ausdruck)
- Rollenverhalten trainieren (5: Rollen)

Die Kleingruppen proben ihre *Szenen* mithilfe der Handlungsskizzen, die in der letzten Unterrichtseinheit fixiert wurden. Beim Proben ergeben sich kleinere Veränderungen in den Texten oder Handlungen bzw. Details werden hinzugefügt. Diese Veränderungen der Dialoge und Regieanweisungen werden in die Handlungsskizze eingefügt, sodass eine endgültige *Szenen*vorlage entsteht:

■ *Probt eure Szene zum Thema „Begegnungen mit Fremden" und legt genau fest, wer wann etwas sagt oder tut.*
Fügt dann in eure Handlungsskizzen ein, was ihr sagt und was ihr tut.
Probt eure Szene, sodass ihr sie später der ganzen Klasse vorspielen könnt.

Die Klasse schaut sich die *Szenen* gemeinsam an und bespricht die Veränderungen:

- Sind die überarbeiteten *Szenen* schlüssiger geworden?
- Was kann man noch verbessern?

Anschließend findet eine Blitzlichtrunde (M 6) statt.

5. Doppelstunde

Nach dem Beginn der Doppelstunde im Sitzkreis mit dem gemeinsamen Besprechen des Vorgehens folgt das Theatertraining. Es besteht nur aus einer Übung, um möglichst viel Zeit für das Proben der *Szenen* zu haben:

- Eine Rolle vorstellen – improvisieren (5: Rollen)

Diese Übung wird in der Rolle durchgeführt, die die Schülerinnen und Schüler in ihren *Szenen* „Begegnungen mit Fremden" spielen, und leitet zum einen direkt über zum Proben der *Szenen*. Zum anderen gibt sie den Schülern und Schülerinnen die Möglichkeit, die Rolle, die sie spielen, genauer kennenzulernen und etwas Neues zu erfahren.
Die Arbeit in den Kleingruppen konzentriert sich in dieser Doppelstunde auf die Details und die Wiederholbarkeit der *Szenen*:

- *Wiederholt eure Szene mehrmals und achtet dabei darauf, dass alle alles ungefähr so spielen, wie es in der Handlungsskizze festgelegt ist.*
  Versucht, euch in eure Rollen hineinzuversetzen und deren Gefühle und Stimmungen möglichst echt darzustellen.

Nachdem die Kleingruppen ihre *Szenen* geprobt haben, fügen sie die Details in ihr Handlungskonzept ein.
Die *Szenen* werden wieder im Plenum vorgespielt. Gemeinsam suchen die Schülerinnen und Schüler nach Verbesserungsmöglichkeiten:

- Welche Feinheiten des Spielens und des Ablaufs können wir noch verbessern?
- Sind die *Schauspieler* laut genug?

Die Blitzlichtrunde (M 6) bildet den Abschluss der Doppelstunde. Gemeinsam überlegen die Schülerinnen und Schüler, welche Vorbereitungen für die Aufführung zu treffen sind.

6. Doppelstunde

Im Sitzkreis werden die Generalproben und die Aufführung besprochen.
Das Theatertraining nach der Besprechung im Sitzkreis dient der Einstimmung der Spieler auf ihre Rolle:
Jeder Spieler hält einen Rollenmonolog, d. h., jede Rolle erzählt nur für sich und aus ihrer Sicht die *Szene*, die sie spielt.
Zum Beispiel „Nina“:
Ich heiße Nina. Ich bin mit meiner Freundin Jeanette im Urlaub. Wir machen einen Stadtbummel und unterhalten uns. Zwei Jungen kommen uns entgegen. Sie schauen uns auffällig an, aber sie gehen an uns vorbei. Plötzlich kommt aber einer der Jungen zurück und redet auf mich ein. Ich verstehe kein Wort. Jeanette auch nicht. Wir bekommen Angst, denn der Junge ist wütend …

Die Kleingruppen führen eine Generalprobe durch:

- *Überprüft, ob alle Kostüme und Requisiten da sind.*
  Probt den Auf- und Abbau des Bühnenbildes.
  Spielt eure Szene so, wie ihr sie festgelegt habt.
  Klärt alle Fragen und beseitigt alle Unklarheiten.
  Trefft letzte Verabredungen, die wichtig sind.

Nachdem sämtliche Vorbereitungen für die Aufführung getroffen wurden, versammeln sich alle Beteiligten. Ein gemeinsames „Toi, toi, toi!“ o. Ä. fördert den Spaß an der Aufführung und stärkt den Zusammenhalt. Anschließend nehmen die Spieler ihre Plätze ein, das Publikum wird eingelassen, die Aufführung beginnt.

Möglichkeiten der Leistungsbewertung

- Die improvisierten *Szenen* werden verschriftlicht.
- Die Handlungsskizzen werden dialogisiert (M 10).
- Die Gruppenarbeit wird bewertet.
- Beschreibungen der einzelnen Rollen werden verfasst.
- Die *Szenen* werden aus der Sicht einzelner Rollen aufgeschrieben.

Text zur inhaltlichen Vorbereitung oder zum Spielen

Karl Valentin
Fremdheit

Valentin: Ja, ein Fremder ist nicht immer ein Fremder.
Karlstadt: Wieso?
Valentin: Fremd ist ein Fremder nur in der Fremde.
Karlstadt: Das ist nicht unrichtig. – Und warum fühlt sich ein Fremder nur in der Fremde fremd?
Valentin: Wenn jeder Fremde, der sich fremd fühlt, ein Fremder ist und zwar so lange, bis er sich nicht mehr fremd fühlt, dann ist er kein Fremder mehr.
Karlstadt: Sehr richtig! – Wenn aber ein Fremder schon lange in der Fremde ist, bleibt er dann immer ein Fremder?
Valentin: Nein. Das ist nur so lange ein Fremder, bis er alles kennt und gesehen hat, dann ist ihm nichts mehr fremd.
Karlstadt: Es kann aber auch einem Einheimischen etwas fremd sein!
Valentin: Gewiss, manchem Münchner zum Beispiel ist das Hofbräuhaus nicht fremd, während ihm in der gleichen Stadt das Deutsche Museum, die Glyptothek, die Pinakothek und so weiter fremd sind.
Karlstadt: Was sind aber Fremde unter Fremden?
Valentin: Fremde unter Fremden sind: Wenn Fremde über eine Brücke fahren, und unter der Eisenbahnbrücke fährt ein Eisenbahnzug mit Fremden durch, so sind diese durchfahrenden Fremden Fremde unter Fremden.
Karlstadt: Wenn aber ein Fremder von einem Fremden eine Auskunft will?
Valentin: Sehr einfach: Fragt ein Fremder in einer fremden Stadt einen Fremden um irgendetwas, was ihm fremd ist, so sagt der Fremde zum Fremden, das ist mir leider fremd, ich bin nämlich selbst fremd.
Karlstadt: Das Gegenteil von „fremd" wäre also „unfremd"?
Valentin: Wenn ein Fremder einen Bekannten hat, so kann ihm dieser Bekannte zuerst fremd gewesen sein, aber durch das gegenseitige Bekanntwerden sind sich die beiden nicht mehr fremd. Wenn aber die zwei zusammen in eine fremde Stadt reisen, so sind diese zwei Bekannten jetzt in der fremden Stadt wieder Fremde geworden. Die beiden sind also – das ist paradox – fremde Bekannte geworden.
Karlstadt: Und was sind Einheimische?
Valentin: Dem Einheimischen sind eigentlich die fremdesten Fremden nicht fremd. Der Einheimische kennt zwar den Fremden nicht, er erkennt aber am ersten Blick, dass es sich um einen Fremden handelt.

Baustein 6

Fabeln und Tiergeschichten

7. Jahrgang – 4 Doppelstunden

Schwerpunkt der Einheit

In Fabeln sprechen und handeln Tiere wie Menschen. Dieser Aspekt erleichtert Schülerinnen und Schülern den Zugang zu den Geschichten. Die dargestellten Situationen entsprechen alltäglichen Konflikten und Problemen, die auf eine einfache und oft humorvolle Weise dargestellt sind. Da die Hauptdarsteller nun aber Tiere sind, fällt es den Schülerinnen und Schülern leicht, sich mit den beschriebenen Situationen auseinanderzusetzen. Gleichzeitig werden sie so zur kritischen Überprüfung der dargestellten Verhaltensweisen und zu Konfliktlösungen herausgefordert.
Da den Schülerinnen und Schülern im 7. Schuljahr das Spielen von Tieren noch sehr leicht fällt, bietet es sich an, Fabeln im Unterricht szenisch zu bearbeiten. Der hier vorgestellte Baustein hat als Ziel, eigene Fabeln im Spiel zu entwickeln. Es ist ebenso möglich, die abgedruckten Fabeln spielerisch umzusetzen. Die vorgestellten Schritte sind auf Seite 50f./leicht übertragbar.

Inhaltliche Vorbereitung

Diese Einheit bietet einen spielerischen und kreativen Zugang zu Fabeln, der über die übliche Behandlung von Fabeln im Unterricht hinausgeht. Voraussetzung ist allerdings eine genaue Kenntnis von Fabeln und ihren Merkmalen. Dazu werden zunächst Fabeln gelesen (siehe **Arbeitsblatt 13**, S. 50f.), die typischen Merkmale benannt und in einer Mindmap gesammelt (M 7).

Um die Theaterarbeit vorzubereiten, bietet es sich außerdem an, in Kleingruppen
- eine Fabel umzuschreiben, d.h. in Dialogform zu bringen,
- eine Fabel zu modernisieren,
- eine vorgegebene Fabel zu spielen.

Spielphase: 1. Doppelstunde

Spielerischer Einstieg in das Thema „Fabeln“:
Im Sitzkreis erläutert der Lehrer das Ziel der Doppelstunde: den Beginn der szenischen Arbeit und das Sammeln von Ideen für eigene Fabeln.
Dann wird der Raum – falls notwendig – frei geräumt, um Platz zu schaffen für Bewegung und Spiel.
Zum praktischen Einstieg in die Theaterarbeit werden Spiele und Übungen gemacht, die die Schülerinnen und Schüler ermuntern, Tiere darzustellen.

- Alle stehen im Kreis. Eine Schülerin oder ein Schüler wirft jemandem den Namen eines Tieres zu und diese/r stellt das Tier dar.
- Tierpaare finden sich: Der Spielleiter bereitet Zettel vor, auf denen Tiere stehen, jedes Tier gibt es zweimal. Jeder zieht einen Zettel und stellt das Tier dar, die Tierpaare finden sich.

Anschließend benennen die Schülerinnen und Schüler in Kleingruppen Tierpaare aus Fabeln und suchen neue Tierpaare, die für Fabeln geeignet sind.

- *In der Welt der Fabel gibt es feste Verbindungen zwischen einzelnen Tieren: Katze und Maus, Wolf und Schaf, Fuchs und Huhn, ...*
  Nennt weitere Tierpaare, die in einer ähnlichen Beziehung zueinander stehen.

Entsprechend der Schülerzahl werden Tierpaare ausgewählt. Diese Tierpaare werden ebenfalls auf einzelne Zettel geschrieben. Wie oben beschrieben, finden sich die Tierpaare. Jedes Paar erarbeitet eine *Szene*, die zu den Tieren passt.

- *Beschreibt die Beziehung eurer Tiere zueinander.*
  Erfindet eine Fabel, die zu euch passt.
  Probt eure Fabel.
  Schreibt eure Fabel wie ein Theaterstück auf, d. h., ihr notiert die Dialoge und die Handlungsanweisungen.

Im Anschluss spielt jedes Paar seine Fabel der Gruppe vor.
Die Zuschauer geben den Spielern Rückmeldungen zu ihrer *Szene*:

- Sind die Tiere eindeutig zu erkennen?
- Weist die *Szene* die typischen Merkmale einer Fabel auf?
- Gibt es eine Lehre am Ende der gespielten Fabel?

Die Paare notieren sich die Verbesserungsvorschläge.
Im Sitzkreis wird in einer Blitzlichtrunde (M 6) die Arbeit in der Doppelstunde reflektiert:

- Was haben wir gemacht?
- Was ist in der nächsten Doppelstunde zu tun?

2. Doppelstunde

Nachdem der Raum frei geräumt wurde, beginnt die Stunde im Sitzkreis mit dem gemeinsamen Formulieren des Stundenziels, z. B.: Die in der vorhergehenden Stunde entworfenen *Szenen* sollen überarbeitet und verbessert werden.
In dem anschließenden Warm-up liegt der Fokus auf der Darstellung der Tiere, die die Schülerinnen und Schüler tatsächlich spielen:

- Rollenarbeit: Jeder findet zu seinem Tier typische Bewegungen und stellt sie der Gruppe vor.
- Tiersprache: Die Schülerinnen und Schüler bekommen ein allgemeines Thema, z. B. Futter, Schlafgewohnheiten, ... Jeder spricht in einer für sein Tier typischen Sprache, d. h., die Schnecke spricht sehr langsam, der Frosch mit quakender Stimme, das Huhn sehr aufgeregt.

In Kleingruppen verbessern die Schülerinnen und Schüler ihre *Szenen* anhand der in der letzten Stunde gemachten Notizen – zunächst in ihrer Vorlage (M 10). Anschließend proben sie ihre Fabel in der überarbeiteten Form.

- *Fügt die Verbesserungsvorschläge in euer Stück ein.*
  Probt diese veränderte Fassung eurer Szene mehrmals, bis ihr sie flüssig spielen könnt.

Zum Schluss der Stunde schreibt jede Gruppe eine Liste aller *Kostüme*, Kostümteile (z. B. Hüte, Taschen, ...) und *Requisiten*, die sie für ihre *Szene* brauchen. Alle Dinge werden bis zur nächsten Stunde besorgt oder erstellt.

Wie immer bildet der Sitzkreis den Abschluss der Stunde:

- Was haben wir gemacht?
- Was muss für die Generalprobe und die Aufführung vorbereitet werden?
- Wen laden wir zur Aufführung ein?

3. Doppelstunde

In der letzten Doppelstunde dieser Einheit finden die Generalprobe und die Aufführung statt.

Bevor die eigentliche szenische Arbeit beginnt, wird die Reihenfolge der *Szenen* bei der Aufführung und damit auch bei der Generalprobe festgelegt (eventuell M 3). Daraus ergibt sich auch die Notwendigkeit des Auf- und Abbaus der *Requisiten* bzw. des Bühnenbilds. Diese Übergänge werden bei der Generalprobe ebenfalls geprobt.
Das Warm-up dieser Stunde ist kurz und besteht nur aus einer Übung, um genügend Zeit für die Generalprobe zu haben: der Rollenmonolog.
Der Rollenmonolog bietet den Schülerinnen und Schülern die Möglichkeit, in ihre Rolle zu schlüpfen, die Stimme bzw. Sprache und die Körperhaltung und die Bewegungen ihres Tieres zu erinnern. Gleichzeitig ruft sich jeder Spieler die Handlung der Fabel und den Ablauf der *Szene* ins Gedächtnis.

■ *Schlüpft in eure Tierrollen und erzählt aus eurer Sicht mit der passenden Stimme und der entsprechenden Körperhaltung die Fabel.*

Die Schülerinnen und Schüler richten anschließend die *Bühne* für die erste Fabel ein und lagern die anderen *Requisiten* im *Off*. Wenn alle Spieler ihren Platz eingenommen haben, den sie auch bei der Aufführung haben werden, beginnt die Generalprobe: Alle *Szenen* werden ohne Unterbrechung genau wie bei der Aufführung gespielt.
Nach der Generalprobe legen die Schülerinnen und Schüler die *Applausordnung* fest.

■ *Legt fest, wer sich wann und wie oft verbeugt.*

Für die Aufführung wird alles wieder neu eingerichtet – dann kann es losgehen.

Möglichkeiten der Leistungsbewertung

- Die Gruppenarbeiten während der inhaltlichen Vorbereitung werden bewertet.
- Die erfundenen Fabeln werden verschriftlicht.
- Beschreibungen der einzelnen Rollen und deren Beziehungen werden verfasst.

Fabeln – Texte zur inhaltlichen Vorbereitung

Falke und Huhn[1]

Ein Falke sprach zum Huhn: „Warum bist du eigentlich gegen den Menschen so undankbar?"
„Wie meinst du das?", wollte das Huhn wissen.
„Nun, ich sehe, wie die Menschen dich mit außergewöhnlicher Sorgfalt betreuen. Sie geben dir regelmäßig dein Futter, sie bereiten dir einen warmen Stall, sie sichern des Nachts deine Ruhe gegen Feinde und Störungen. – Du aber, wenn jemand dich einmal greifen will, wehrst dich mit großem Gegacker und suchst zu entfliehen. Warum das nur? Wenn mir ein Mensch schmeichelt, lasse ich mich fangen, werde zahm und fresse ihm aus der Hand. Du aber bist undankbar!"
„Dazu möchte ich etwas bemerken", gackerte das Huhn, „höre: Du hast gewiss noch niemals einen Falken am Bratspieß gesehen, ich dagegen meinesgleichen schon in Menge!"
(aus Indien)

Der Affe als Schiedsrichter

Ein Hund und ein Fuchs erblickten gleichzeitig eine schöne große Wurst, die jemand verloren hatte, und nachdem sie eine Weile unentschieden darum gekämpft hatten, kamen sie überein, mit der Beute zum klugen Affen zu gehen. Dessen Schiedsspruch sollte gültig sein.
Der Affe hörte die beiden Streitenden aufmerksam an. Dann fällte er mit gerunzelter Stirn das Urteil: „Die Sachlage ist klar. Jedem von euch gehört genau die halbe Wurst!" Damit zerbrach der Affe die Wurst und legte die beiden Teile auf eine Waage. Das eine Stück war schwerer. Also biss er hier einen guten Happen ab. Nun wog er die Stücke von Neuem. Da senkte sich die andere Schale; happ-schnapp, kürzte er auch diesen Teil. Wiederum prüfte er sie auf Gleichgewicht, und nun musste wieder die erste Hälfte ihr Opfer bringen. So mühte der Affe sich weiterhin, jedem sein Recht zu schaffen. Die Enden wurden immer kleiner und die Augen von Hund und Fuchs immer größer. Schließlich, rutsch-futsch! war der Rest hier und dort verschlungen.
Mit eingeklemmten Ruten schlichen Hund und Fuchs in verbissener Wut davon. In gehöriger Entfernung fielen sie übereinander her und zerzausten sich.
(aus Korea)

[1] Alle Fabeln: www.hekaya.de/ausallerwelt.phtml/fabel

Martin Luther

Von der Stadtmaus und der Feldmaus

Eine Stadtmaus ging spazieren und kam zu einer Feldmaus. Die tat sich gütlich an Eicheln, Gersten, Nüssen und woran sie konnte.
Aber die Stadtmaus sprach: „Was willst du hier in Armut leben! Komm mit mir, ich will dir und mir genug schaffen von allerlei köstlicher Speise."
Die Feldmaus zog mit ihr hin in ein herrlich schönes Haus, darin die Stadtmaus wohnte, und sie gingen in die Kammern, die voll waren von Fleisch, Speck, Würsten, Brot, Käse und allem. Da sprach die Stadtmaus: „Nun iss und sei guter Dinge. Solche Speise habe ich täglich im Überfluss."
Da kam der Kellner und rumpelte mit den Schlüsseln an der Tür. Die Mäuse erschraken und liefen davon. Die Stadtmaus fand bald ihr Loch, aber die Feldmaus wusste nirgends hin, lief die Wand auf und ab und gab schon ihr Leben verloren.
Da der Kellner wieder hinaus war, sprach die Stadtmaus: „Es hat nun keine Not, lass uns guter Dinge sein."
Die Feldmaus antwortete: „Du hast gut reden, du wusstest dein Loch fein zu treffen, derweil bin ich schier vor Angst gestorben. Ich will dir sagen, was meine Meinung ist: Bleib du eine Stadtmaus und friss Würste und Speck, ich will ein armes Feldmäuslein bleiben und meine Eicheln essen. Du bist keinen Augenblick sicher vor dem Kellner, vor den Katzen, vor so vielen Mäusefallen, und das ganze Haus ist dir feind. Von alldem bin ich frei und bin sicher in meinem armen Feldlöchlein."

Wer reich ist, hat viel Sorge.

James Thurber

Der Fuchs und der Rabe

Der Anblick eines Raben, der auf einem Baum saß, und der Geruch des Käses, den er im Schnabel hatte, erregten die Aufmerksamkeit eines Fuchses.
„Wenn du ebenso schön singst, wie du aussiehst", sagte er, „dann bist du der beste Sänger, den ich je erspäht und gewittert habe."
Der Fuchs hatte irgendwo gelesen – und nicht nur einmal, sondern bei den verschiedensten Dichtern, dass ein Rabe mit Käse im Schnabel sofort den Käse fallen lässt und zu singen beginnt, wenn man seine Stimme lobt. Für diesen besonderen Fall und diesen besonderen Raben traf das jedoch nicht zu.

„Man nennt dich schlau, und man nennt dich verrückt“, sagte der Rabe, nachdem er den Käse vorsichtig mit den Krallen seines rechten Fußes aus dem Schnabel genommen hatte. „Aber mir scheint, du bist zu allem Überfluss auch noch kurzsichtig. Singvögel tragen bunte Hüte und farbenprächtige Jacken und helle Westen, und von ihnen gehen zwölf aufs Dutzend. Ich dagegen trage Schwarz und bin absolut einmalig.“

„Ganz gewiss bist du einmalig“, erwiderte der Fuchs, der zwar schlau, aber weder verrückt noch kurzsichtig war.

„Bei näherer Betrachtung erkenne ich in dir den berühmtesten und talentiertesten aller Vögel, und ich würde dich gar zu gern von dir erzählen hören. Leider bin ich hungrig und kann mich daher nicht länger hier aufhalten.“

„Bleib doch noch ein Weilchen“, bat der Rabe. „Ich gebe dir auch etwas von meinem Essen ab.“

Damit warf er dem listigen Fuchs den Löwenanteil vom Käse zu und fing an, von sich zu erzählen.

„Ich bin der Held vieler Märchen und Sagen“, prahlte er, „und ich gelte als Vogel der Weisheit. Ich bin der Pionier der Luftfahrt, ich bin der größte Kartograf. Und was das Wichtigste ist, alle Wissenschaftler und Gelehrten, Ingenieure und Mathematiker wissen, dass meine Fluglinie die kürzeste Entfernung zwischen zwei Punkten ist. Zwischen beliebigen zwei Punkten“, fügte er stolz hinzu.

„Oh, zweifellos zwischen allen Punkten“, sagte der Fuchs höflich. „Und vielen Dank für das Opfer, das du gebracht, indem du mir den Löwenanteil vermacht.“

Gesättigt lief er davon, während der hungrige Rabe einsam und verlassen auf dem Baum zurückblieb.

Aus: James Thurber: Der Fuchs und der Rabe. Hannover: Fackelträger Verlag 1959

Baustein 7

Balladen

7./8. Jahrgang – 4 Doppelstunden

Schwerpunkt der Einheit

Balladen sind als besondere Form des Gedichts mit ihren handlungsreichen Inhalten gut dafür geeignet, szenisch vorgetragen zu werden. Balladen schildern oft ein dramatisches Geschehen, in der Darstellung des Ablaufs gibt es bisweilen eine deutliche Hinwendung zum Leser, die sich szenisch nutzen lässt („Seht, er läuft zum Ufer nieder …"/„Seht, er ist getroffen …", aus: Der Zauberlehrling, von J. W. v. Goethe).
Indem die Schülerinnen und Schüler den geschilderten Ablauf im Spiel nachvollziehen, werden Inhalt, Sprechpausen und Betonungen verständlicher und transparenter. Umgekehrt kann man im Spiel den Inhalt deutlicher machen.

Die Einheit „Balladen" baut auf der Einheit „Gedichte" auf und erweitert sie um die folgenden Schwerpunkte:

- Die Schülerinnen und Schüler erarbeiten den inhaltlichen Spannungsaufbau der Handlung.
- Sie erkennen Metrum und Sprechrhythmus und betonen inhaltsgerecht.
- Begriffe wie Strophe und Reimwort werden wiederholt.
- Sie tragen ein Gedicht auswendig und zuschauergerecht vor.
- Sie stimmen Vortrag und Spiel aufeinander ab (Tempo, Pausen, Betonungen).

Alle Schritte werden im Folgenden an der Ballade „Der Zauberlehrling" von Johann Wolfgang v. Goethe exemplarisch durchgeführt (**Arbeitsblatt 14**, S. 56f.)

Der Zauberlehrling

Inhaltliche Vorbereitung

Es beginnt mit dem Erzählen spannender Ereignisse: Schülerinnen und Schüler bekommen den Auftrag, eigene Erlebnisse oder Vorfälle aus dem Verwandten- und Freundeskreis in Stichworten zu notieren und dann mündlich vorzutragen – als Aufgabe für alle oder für Freiwillige. Es ist sinnvoll, den Vortrag in kleinen Gruppen zu üben, bevor man vor die Klasse tritt. Als Themen bieten sich an:

- Unfälle, die gerade verhindert werden konnten,
- unheimliche Geschichten, die man nachts erlebt hat,
- Konflikte im Bus/in der Bahn.

- *Überlegt euch eine spannende Geschichte, die ihr gehört oder selber erlebt habt, und schreibt sie in Stichworten auf.*
  Versucht, sie mithilfe der Stichwörter möglichst spannend euren Mitschülerinnen und Mitschülern zu erzählen.

Die Lektüre der Ballade „Der Zauberlehrling" beginnt mit einer Leserunde: Der Text wird einmal gemeinsam gelesen und unbekannte Wörter werden geklärt oder im Wörterbuch nachgeschlagen. Hier können zur Übung die Begriffe Strophe und Reimwort wiederholt werden.
Bei der Besprechung des Inhalts wird gemeinsam geklärt, was im Gedicht geschildert wird. Das zentrale Moment wird herausgearbeitet: Der Zauberlehrling wird immer nervöser, seine Reaktionen panischer. Zwischendurch scheint es eine leichte Entspannung zu geben, als er den Besen in zwei Teile schlägt, doch dann geht es umso schlimmer weiter. Diese Entwicklung lässt sich in einer Spannungskurve grafisch darstellen:

Spannungskurve im „Zauberlehrling"

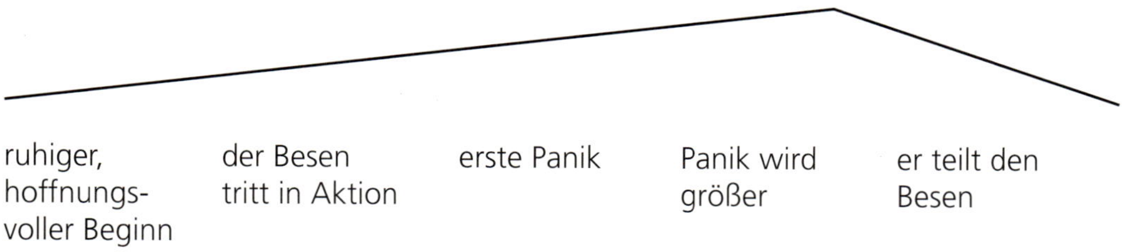

Dies wird an den Stellen belegt, die beim Zuhörer den Eindruck sich langsam steigernder Spannung erwecken. Diese Stellen werden als abgekürzte Zitate in die Spannungskurve eingesetzt. Der Arbeitsauftrag für die Schülerinnen und Schüler lautet:

- *Lest den Text gründlich.*
  Markiert alle Wörter, die den Fortgang der Handlung deutlich machen, z. B. die wachsende Unruhe beim Zauberlehrling.
  Tragt diese Stellen in eine Spannungskurve ein, die die Entwicklung der Handlung deutlich macht.

Im nächsten Schritt wird der Vortrag vorbereitet: In Partnerarbeit lesen die Schülerinnen und Schüler den Text und tragen ihn in Kleingruppen/in der Klasse laut vor. Dabei hilft es ihnen, das Metrum zu klären – hier liegt ein Trochäus vor: So bekommt z. B. die Zeile 5 rhythmisch nur einen Sinn, wenn man den Trochäus durchhält: „Seine Wort' und Werke".
Die Funktion der Satzzeichen sollte thematisiert werden: Was bedeuten Ausrufezeichen oder Bindestriche beim Vorlesen?

- *Teilt euch den Text auf (z. B. durch die eingerückten Zeilen) und übt gemeinsam das Lesen.*
  Markiert die Wörter, die betont werden, mit einem Strich, wodurch ein Muster entsteht.
  Unterstreicht außerdem Wörter, die betont werden, um den Inhalt deutlich zu machen.

Spielphase: 1. Doppelstunde

Man beginnt mit Aufwärmübungen, die die Schülerinnen und Schüler auflockern und lautes Sprechen trainieren (Anleitungen zu den Übungen finden sich in Kapitel 6):

- Bunny, Bunny, Bunny (1: Einstieg und Aufwärmen)
- Stimme aufwärmen oder Soundball (3: Atem, Stimme, Sprache)
- Geschichten erzählen (3: Atem, Stimme, Sprache)

Im Sitzkreis wird das Ziel formuliert: Ihr sollt die Ballade „Der Zauberlehrling" vortragen und gleichzeitig den Inhalt spielen.
Zur Einstimmung wird das Gedicht noch einmal vorgelesen, aber „gegen den Strich": Reihum liest jeder nur ein oder zwei Sätze mit verschiedenen Sprechhaltungen wie flüstern, schreien, stöhnen. Durch diese Verfremdung wird die Aufmerksamkeit geweckt und man entdeckt gleichzeitig Varianten für die szenische Umsetzung. Hier wird noch einmal an die Funktion der Satzzeichen erinnert.
Gemeinsam werden an der Tafel Vorschläge gesammelt, wie man die Ballade szenisch umsetzen kann:

- Was kann man dazu spielen und wie kann man es spielen?
- Wie lässt sich der Besen darstellen? Durch eine Person?
- Wie kann man die Überschwemmung darstellen, ohne den Raum unter Wasser zu setzen?
- Wie drückt sich die wachsende Verzweiflung des Zauberlehrlings aus?
- Wie kann man die Dramatik durch Geräusche etc. unterstützen?

Vorschläge hierzu werden als Anregung an der Tafel festgehalten.

Es werden arbeitsgleiche Gruppen eingeteilt und die Sprecher gewählt (M 1, 2). Wenn man verschiedene Balladen besprochen hat, kann man auch arbeitsteilige Gruppen einrichten. Die Gruppen bekommen den Arbeitsauftrag:

Der Kampf mit dem Besen

Ein oder zwei Mitglieder der Gruppe lesen das Gedicht laut vor, die anderen spielen dazu.

Hilfen während der Gruppenarbeit:

- Die Rollen des Vorlesers und des Besens können auf mehrere Spieler aufgeteilt werden.
- Wenn Vorleser und Spiel im Tempo nicht koordiniert sind, wird langsamer gelesen oder es werden nur einige Stellen des Gedichts gespielt, die besonders geeignet sind.
- Wenn die Handlung mit dem Vorlesen nicht synchron läuft, helfen *Standbilder* und *Statuen,* die schnell von einer Position in die andere wechseln können.
- Bei einigen Texten ist es denkbar, den Text mit Begleitmusik als Rap zu präsentieren.

Nach der Arbeitsphase spielen die Gruppen ihre ersten Arbeitsergebnisse vor. Die Zuschauer kommentieren und machen Verbesserungsvorschläge, die Gruppensprecher notieren sie. Die Stunde endet mit einem Blitzlicht (M 6).

2. Doppelstunde

Die Stunde beginnt mit einem Warm-up aus der 1. Doppelstunde.
Im Sitzkreis wird an die Aufgaben der letzten Stunde erinnert und darauf hingewiesen:

- Der Spannungsbogen sollte im Spiel erkennbar sein, es muss daher ruhig beginnen.
- Der Vorleser sollte immer lauter werden und eventuell an einigen Stellen das Publikum direkt ansprechen.

Die Gruppen stellen ihre Balladen fertig und führen sie anschließend vor. Die Zuschauer geben ihre Kommentare ab.
Falls die Gruppen arbeitsteilig an verschiedenen Texten gearbeitet haben, können alle Ergebnisse in einem Gesamtvortrag vor Publikum aufgeführt werden. Dann wird die Abfolge der Aufführung besprochen (M 3) und geprobt.

3. Doppelstunde

Wenn noch Zeit ist, können die Schülerinnen und Schüler eine weitere Ballade spielen (**Arbeitsblätter 15** und **16**, S. 58–59).
Es ist auch möglich, dass einige Gruppen ein Protokoll über ihre Vorgehensweise bei der Umsetzung der Ballade ins szenische Spiel verfassen.

Möglichkeiten der Leistungsbewertung

- Die Zusammenarbeit in der Gruppe kann bewertet werden.
- Das Zusammenspiel von Text und Spiel, die richtige Betonung und die passende Auswahl der Stellen werden benotet.
- Die Gruppe schildert in einem Arbeitsprotokoll die Umsetzung der Ballade (M 5).

Notizen

Balladen lesen und spielend vortragen

Teilt euch den Text auf und übt gemeinsam, ihn zu lesen.
Markiert Sprechpausen mit einem Strich.
Unterstreicht außerdem Wörter, die betont gesprochen werden, um den Inhalt deutlich zu machen.

Johann Wolfgang von Goethe
Der Zauberlehrling

Hat der alte Hexenmeister
Sich doch einmal wegbegeben!
Und nun sollen seine Geister
Auch nach meinem Willen leben.
Seine Wort' und Werke
Merkt' ich und den Brauch,
Und mit Geistesstärke
Tu ich Wunder auch.
Walle! walle
Manche Strecke,
Dass, zum Zwecke,
Wasser fließe
Und mit reichem vollem Schwalle
Zu dem Bade sich ergieße.

Und nun komm, du alter Besen!
Nimm die schlechten Lumpenhüllen!
Bist schon lange Knecht gewesen;
Nun erfülle meinen Willen!
Auf zwei Beinen stehe,
Oben sei ein Kopf,
Eile nun und gehe
Mit dem Wassertopf!
Walle! walle
Manche Strecke,
Dass, zum Zwecke,
Wasser fließe
Und mit reichem, vollem Schwalle
Zu dem Bade sich ergieße.

Seht, er läuft zum Ufer nieder,
Wahrlich! ist er schon am Flusse
Und mit Blitzesschnelle wieder
Ist er hier mit raschem Gusse.
Schon zum zweiten Male!
Wie das Becken schwillt!
Wie sich jede Schale
voll mit Wasser füllt!
Stehe! Stehe!
Denn wir haben
Deiner Gaben
Voll gemessen! –
Ach, ich merk es! Wehe, wehe!
Hab ich doch das Wort vergessen!

Ach, das Wort, worauf am Ende
Er das wird, was er gewesen.
Ach, er läuft und bringt behände!
Wärst du doch der alte Besen!
Immer neue Güsse
Bringt er schnell herein,
Ach! Und hundert Flüsse
Stürzen auf mich ein.
Nein, nicht länger
Kann ich's lassen;
Will ihn fassen.
Das ist Tücke!
Ach! Nun wird mir immer bänger!
Welche Miene, welche Blicke!

O du Ausgeburt der Hölle!
Soll das ganze Haus ersaufen?
Seh ich über jede Schwelle
Doch schon Wasserströme laufen.
Ein verruchter Besen,
Der nicht hören will!
Stock, der du gewesen,
Steh doch wieder still!
Willst's am Ende
Gar nicht lassen?
Will dich fassen,
Will dich halten
Und das alte Holz behände
Mit dem scharfen Beile spalten.

Seht, da kommt er schleppend wieder!
Wie ich mich nur auf dich werfe,
Gleich, o Kobold, liegst du nieder;
Krachend trifft die glatte Schärfe.
Wahrlich brav getroffen!
Seht, er ist entzwei!
Und nun kann ich hoffen,
Und ich atme frei!
Wehe! Wehe!
Beide Teile
Stehn in Eile
Schon als Knechte
Völlig fertig in die Höhe!
Helft mir, ach! ihr hohen Mächte!

Und sie laufen! Nass und nässer
Wird's im Saal und auf den Stufen.
Welch entsetzliches Gewässer!
Herr und Meister! hör mich rufen! –
Ach, da kommt der Meister!
Herr, die Not ist groß!
Die ich rief, die Geister,
Werd ich nun nicht los.
„In die Ecke,
Besen! Besen!
Seid's gewesen.
Denn als Geister
Ruft euch nur, zu diesem Zwecke,
Erst hervor der alte Meister."

Aus: Goethe-Gedenkausgabe der Werke, Briefe und Gespräche, hrg. von Ernst Beutler. Artemis Verlag AG Zürich 1964

Balladen lesen und spielend vortragen

Teilt euch den Text auf und übt gemeinsam, ihn zu lesen.
Markiert Sprechpausen mit einem Strich.
Unterstreicht außerdem Wörter, die betont gesprochen werden, um den Inhalt deutlich zu machen.

Heinrich Heine
Belsazar

Die Mitternacht zog näher schon;
In stiller Ruh' lag Babylon.

Nur oben in des Königs Schloss,
Da flackert's, da lärmt des Königs Tross[1].

Dort oben in dem Königssaal
Belsazar[2] hielt sein Königsmahl.

Die Knechte saßen in schimmernden Reihn
Und leerten die Becher mit funkelndem Wein.

Es klirrten die Becher, es jauchzten die Knecht',
So klang es dem störrigen Könige recht.

Des Königs Wangen leuchteten Glut;
Im Wein erwuchs ihm kecker Mut.

Und blindlings reißt der Mut ihn fort;
Und er lästert die Gottheit mit sündigem Wort.

Und er brüstet sich frech und lästert wild;
Die Knechtenschar ihm Beifall brüllt.

Der König rief mit stolzem Blick;
Der Diener eilt und kehrt zurück.

Er trug viel gülden[3] Gerät auf dem Haupt;
Das war aus dem Tempel Jehovas[4] geraubt.

Und der König ergriff mit frev'ler[5] Hand
Einen Becher, gefüllt bis zum Rand.

Und er leert ihn hastig bis auf den Grund
Und rufet laut mit schäumendem Mund:

„Jehova! Dir künd ich auf ewig Hohn –
Ich bin der König von Babylon!"

Doch kaum das grause Wort verklang,
Dem König ward's im Busen bang.

Das gellende Lachen verstummte zumal;
Es wurde leichenstill im Saal.

Und sieh! Und sieh! an weißer Wand,
Da kam's hervor, wie Menschenhand.

Und schrieb, und schrieb an weißer Wand
Buchstaben von Feuer, und schrieb und schwand.

Der König stieren Blickes da saß,
Mit schlotternden Knien und totenblass.

Die Knechtenschar saß kalt durchgraut,
Und saß gar still, gab keinen Laut.

Die Magier kamen, doch keiner verstand
Zu deuten die Flammenschrift an der Wand.

Belsazar ward in selbiger Nacht
Von seinen Knechten umgebracht.

Aus: Historisch – kritische Gesamtausgabe, hg. von M. Windfuhr, Band 1, Hamburg 1973

---

1 Tross: Diener und Ritter des Königs
2 Belsazar: von 551 bis 543 v. Chr. König des Reiches von Babylon
3 gülden: golden
4 Jehova: jüdische Bezeichnung für Gott
5 frev'ler: verbrecherisch

Balladen lesen und spielend vortragen

*Teilt euch den Text auf und übt gemeinsam, ihn zu lesen.
Markiert Sprechpausen mit einem Strich.
Unterstreicht außerdem Wörter, die betont gesprochen werden, um den Inhalt deutlich zu machen.*

Annette von Droste-Hülshoff
Der Knabe im Moor

O schaurig ist's über's Moor zu gehen,
Wenn es wimmelt vom Heiderauche,
Sich wie Phantome die Dünste drehn
Und die Ranke häkelt am Strauche,
Unter jedem Tritte ein Quellchen springt
Wenn aus der Spalte es zischt und singt,
O schaurig ist's über's Moor zu gehen,
Wenn das Röhricht knistert im Hauche!

Fest hält die Fibel das zitternde Kind
Und rennt, als ob man es jage;
Hohl über der Fläche sauset der Wind –
Was raschelt drüben im Hage?
Das ist der gespenstige Gräberknecht,
Der dem Meister die besten Torfe verzecht;
Hu, hu, es bricht wie ein irres Rind!
Hinducket das Knäblein zage.

Vom Ufer starret Gestumpf hervor,
Unheimlich nicket die Föhre,
Der Knabe rennt, gespannt das Ohr,
Durch Riesenhalme wie Speere;
Und wie es rieselt und knittert darin!
Das ist die unselige Spinnerin,
Das ist die gebannte Spinnlenor',
Die den Haspel dreht im Geröhre!

Voran, voran! nur immer im Lauf,
Voran, als woll es ihn holen!
Vor seinem Fuße brodelt es auf,
Es pfeift ihm unter den Sohlen
Wie eine gespenstige Melodei;
Das ist der Geigemann ungetreu,
Das ist der diebische Fiedler Knauf,
Der den Hochzeitheller gestohlen!

Da birst das Moor, ein Seufzer geht
Hervor aus der klaffenden Höhle;
Weh, weh, da ruft die verdammte Margret:
„Ho, ho, meine arme Seele!"
Der Knabe springt wie ein wundes Reh;
Wär nicht Schutzengel in seiner Näh,
Seine bleichenden Knöchelchen fände spät
Ein Gräber im Moorgeschwele.

Da mählich gründet der Boden sich,
Und drüben, neben der Weide,
Die Lampe flimmert so heimatlich,
Der Knabe steht an der Scheide.
Tief atmet er auf, zum Moor zurück
Noch immer wirft er den scheuen Blick:
Ja, im Geröhre war's fürchterlich,
O schaurig war's in der Heide!

Aus: Historisch – kritische Ausgabe, hg. von W. Wöesler, Tübingen 1985

Baustein 8

Typisch Mädchen! Typisch Junge!

7./8. Jahrgang – 6 Doppelstunden

Schwerpunkt der Einheit

Mädchen kichern, Jungen sind wild. Mädchen sind ordentlich, Jungen schlampig. Mädchen wollen schmusen. Jungen schlagen sich gern. – Es gibt jede Menge Vorurteile über das typische Verhalten von Jungen und Mädchen. Und noch mehr Erwartungen.
Die Zuschreibungen von Weiblichkeit und Männlichkeit sind für Schülerinnen und Schüler der Jahrgangsstufen 7 und 8 ein wichtiges Thema. Gerade in multikulturellen Gruppen mit ihrer großen Kluft zwischen traditionellem und emanzipiertem Rollenverständnis fehlt es den Jugendlichen oft an Orientierung und Sicherheit. Die Unterrichtseinheit „Typisch Mädchen! Typisch Junge!" regt dazu an, sich diesem Thema gemeinsam und auf spielerische Weise zu nähern.

Inhaltliche Vorbereitung

Gespräche über Mädchen- und Jungenrollen – sowohl in gleichgeschlechtlichen Gruppen als auch in gemischtgeschlechtlichen – sind ein guter Einstieg in das Thema. Als Aufhänger für diese Gespräche bieten sich verschiedene Möglichkeiten an.
Die Klasse diskutiert gemeinsam oder in Kleingruppen Aspekte des Themas „Typisch Mädchen! Typisch Junge!":

- Wie bin ich als Junge/als Mädchen?
- Wie möchte ich sein?
- Wie sehen andere mich?
- Was erwartet meine Familie von mir?

Die Schülerinnen und Schüler teilen sich in Kleingruppen auf (M 1) und sammeln mithilfe einer Mindmap (M 7) Assoziationen zum Thema „Typisch Junge!" bzw. „Typisch Mädchen!".
Die Ergebnisse der einzelnen Gruppen werden verglichen.
Aus Zeitschriften und Magazinen für Jugendliche werden Bilder und Fotos von Männern und Frauen ausgeschnitten und zu einer Collage zusammengestellt. Im Anschluss vergleichen die Schülerinnen und Schüler die Collagen und sagen, was ihnen spontan zu den Bildern einfällt.

Spielphase: 1. Doppelstunde

Das Warm-up dient der Einstimmung auf die Theaterarbeit und führt die Schülerinnen und Schüler an die Arbeit mit *Standbildern* heran (Anleitungen zu den Übungen finden sich in Kapitel 6).

- Katz und Maus (1: Einstieg und Aufwärmen)
- Isolationsübungen (2: Wahrnehmen und Vertrauen gewinnen)
- Gefühlsstatue (4: Darstellen und Ausdruck)

Die Klasse steht im Kreis. Zur spielerischen Einstimmung auf das Thema stellen die Schülerinnen und Schüler Klischees von stereotypen Rollen als Standbild dar.

Typisch Mädchen! Typisch Junge!

- *Findet für jede der Rollen, die genannt werden, eine typische Körperhaltung:*
  - *Macho*
  - *Zicke*
  - *Vater*
  - *Mutter*
  - *Angeber/Angeberin*
  - *Spielverderber/in*
  - *Außenseiter/in*
  - *Schüchterne/r*
  - *Liebling des Lehrers*
  - *Cooler Typ*
  - *Schlampe*
  - *Streber/in*
  - *Klassenclown*
  - *Feigling*

Im Gespräch wird erörtert, welche Rollen leichter bzw. schwerer darzustellen sind.

- Bei welchen Rollen hattet ihr sofort eine Idee für eine Haltung?
- Bei welchen Rollen fiel es euch schwerer, sie darzustellen?
- Gibt es Rollen, die Mädchen bzw. Jungen besser darstellen können?
- Ist es möglich, als Mädchen einen Macho darzustellen? Und als Junge eine Schlampe?

Anschließend arbeiten die Schülerinnen und Schüler in Kleingruppen (M 1) mit dem **Arbeitsblatt 17** (S. 64) und ordnen die Klischeerollen in eine Tabelle ein.
Die Ergebnisse der Kleingruppen werden der ganzen Klasse vorgestellt und diskutiert.
In der Blitzlichtrunde (M 6) wird die Arbeit der Doppelstunde reflektiert.

2. Doppelstunde

Das Ziel dieser Einheit ist die Auseinandersetzung mit Rollenzuweisungen und Selbstbildern. Die Schülerinnen und Schüler arbeiten in gleichgeschlechtlichen Gruppen.
Das Warm-up greift zunächst die Rollenarbeit der letzten Stunde auf:

- Beschützer und Verfolger (1: Einstieg und Aufwärmen)
- *Standbilder* mit Klischeerollen von Jungen und Mädchen

Die Klasse teilt sich in gleichgeschlechtliche Kleingruppen. Die Aufgabe ist es, eine Art Modenschau mit typischen Rollen zu erarbeiten. Die Mädchen beschäftigen sich mit Männerrollen, die Jungen mit Frauenrollen. Dazu sammeln die Gruppen zunächst Ideen für typische Rollen von Männern bzw. Frauen und benennen ihre charakteristischen Eigenschaften, z. B.:

der Macho	selbstbewusst, arrogant, behandelt Frauen herablassend, fährt ein großes Auto, ...
der Streber	lernt immer, weiß alles, ist unbeliebt bei den anderen, ...
der Schläger	...
...	

In jeder Gruppe wird eine Person bestimmt, die die Schau moderiert. Während die anderen ihre Rollen üben, prägt sich die Moderatorin bzw. der Moderator die Eigenschaften der Rollen ein und beschreibt die Rollen im Stil einer Werbung.
„Hier sehen wir den ‚Macho'. Er ist selbstbewusst und arrogant. Er fährt ein großes Auto und behandelt die Frauen meistens schlecht ..."
Die anderen suchen sich jeweils eine Rolle aus, stellen deren typische Haltung dar und üben einen passenden Gang und stimmige Bewegungen. So steht z. B. der Macho zunächst breitbeinig mit verschränkten Armen, dann geht er lässig ein paar Schritte und spielt mit seinem Autoschlüssel.
Haben alle Kleingruppen ihre Vorbereitung beendet, beginnt die „Modenschau". Nacheinander präsentiert jede Kleingruppe ihre Männer- bzw. Frauenrollen, während die Moderatorin bzw. der Moderator die Vorführung kommentiert.
Nach den Vorführungen wird das Gesehene im Sitzkreis diskutiert:

Was halten die Jungen für „typisch weiblich"?
Was halten die Mädchen für „typisch männlich"?
Was trifft auf euch zu?
Welche typisch männlichen/typisch weiblichen Rollen gefallen euch?
Wie seht ihr euch als Männer/Frauen?

Die Blitzlichtrunde (M 6) beschließt die Stunde.

3. Doppelstunde

Nach den typischen Rollenzuweisungen und deren klischeehaften Eigenschaften soll es nun darum gehen, das eigene Bild von Mann und Frau zu definieren.

Das Warm-up:

- Katz und Maus (1: Einstieg und Aufwärmen)
- Blinde führen (2: Wahrnehmen und Vertrauen gewinnen)
- Kreis mit Bewegung und Ton (4: Darstellen und Ausdruck)

Die Schülerinnen und Schüler arbeiten wieder in gleichgeschlechtlichen Gruppen. Diesmal stellen sie jedoch in *Standbildern* dar, wie sie sich selbst als Jungen und Mädchen sehen.

- *Findet ein Standbild, das eine Haltung zeigt, die für euch als Mädchen typisch ist und mit der ihr euch wohlfühlt, z. B.: Ein Mädchen fährt mit einem Mofa.*
- *Überlegt euch einen Satz, der zu diesem Standbild passt, z. B.: „Ich habe mein Mofa von dem Geld bezahlt, das ich beim Babysitten verdient habe."*

Wenn alle Schülerinnen und Schüler ein Standbild und einen passenden Satz gefunden haben, beginnt die interaktive Vorführung. Alle Jungen setzen sich zunächst in die Zuschauerreihe. Die Mädchen gehen auf die Bühne und nehmen ihre Haltung ein. Stehen alle Mädchen in ihrer Position, wird die „Ausstellung" eröffnet. Das heißt, die Jungen gehen ebenfalls auf die Bühne und schauen sich die *Standbilder* der Mädchen an. Immer wenn ein Junge einem Mädchen auf die Schulter tippt, sagt sie ihren Satz. Wenn alle Jungen die *Standbilder* der Mädchen in Ruhe betrachtet und deren Sätze gehört haben, wird gewechselt.

Ein Blitzlicht beendet die Stunde.

4. Doppelstunde

Das Warm-up dieser Doppelstunde besteht aus den Übungen:

- Beschützer und Verfolger (1: Einstieg und Aufwärmen)
- Isolationsübungen (2: Darstellen und Ausdruck)
- Rollenverhalten trainieren (5: Rollen)

Es werden gemischtgeschlechtliche Kleingruppen gebildet (siehe M 1). Jede Kleingruppe bekommt die Aufgabe, eine Geschichte in fünf *Standbildern* zu erarbeiten. Als Hilfestellung dient **Arbeitsblatt 18** (S. 65).
Nach der Kleingruppenarbeit setzen sich alle in die *Publikumsreihe* und die Gruppen stellen ihre Geschichten vor (M 3). Zum Abschluss der Unterrichtseinheit versammelt sich die Klasse im Sitzkreis und die Aspekte der Rollenzuschreibungen und Rollenklischees werden noch einmal aufgegriffen.

Möglichkeiten der Leistungsbewertung

- Die Mitarbeit an der Rollenanalyse wird bewertet.
- Die Zusammenarbeit in der Gruppe wird bewertet.
- Die entstandenen Geschichten und deren Darstellung in *Standbildern* werden benotet.

Rollen und ihre Zuordnungen

■ *Sortiert die Rollen, die ihr gerade dargestellt habt, in die Tabelle ein.*

Macho – Zicke – Vater – Mutter – Angeber/in – Spielverderber/in – Außenseiter/in – Schüchterne/r – Liebling des Lehrers – Cooler Typ – Schlampe – Streber/in – Klassenclown – Feigling

Typisch Junge!	Typisch Mädchen!	Junge und Mädchen!

BS 8

Eine Geschichte in fünf Bildern

Erfindet eine Geschichte, in der es darum geht, dass jemand nicht so reagiert, wie man es von ihm/ihr als Junge/Mädchen erwartet.

Ihr braucht einen Kommentator/eine Kommentatorin. Legt fest, wer das macht.

Stellt – mit den anderen Personen eurer Kleingruppe – die Geschichte in fünf Standbildern dar.
Beispiel:
Bild 1: Zwei Jungen sitzen auf einer Bank, zwei Mädchen gehen vorbei.
Bild 2: Einer der Jungen versperrt den Mädchen den Weg.
Bild 3: …

Findet zu jedem Bild Untertitel, z. B.:
Bild 1: „Guck' mal, die beiden süßen Girls. Die holen wir uns."
Bild 2: „He, ihr beiden Süßen, ich finde, ihr solltet euch ein bisschen zu uns setzen."
Bild 3: …

Probt die Standbilder und deren Untertitel.

Baustein 9

Kurzgeschichten

9./10. Jahrgang – 4 Doppelstunden

Schwerpunkt der Einheit

Szenisches Spiel ermöglicht eine andere Form der Interpretation auch von Kurzgeschichten. Die Geschichten werden entweder ganz oder teilweise gespielt und dadurch für die Schülerinnen und Schüler anschaulicher. Die Schwerpunkte der szenischen Interpretation entsprechen denen der normalen Textinterpretation, so schließt sich die weiterführende Textarbeit in einer zweiten Phase problemlos an. Die szenische Interpretation orientiert sich an dem Ansatz von Ingo Scheller, wie er in verschiedenen Publikationen vorgestellt wird.[1]
Szenisches Interpretieren macht durch eigenes Spielen Texte und ihre Figuren verständlich. Durch das Spiel entsteht eine bildliche Vorstellung des Textes und der Figuren in den Köpfen der Schülerinnen und Schüler, die ein intensiveres Textverständnis erleichtert. Schülerinnen und Schüler sind heute oft gewöhnt, fertige Bilderwelten aus den Medien zu übernehmen. Bei der Lektüre von Texten bleiben sie oft relativ oberflächlich, es entsteht kein „inneres Bild" der Geschichte. Durch szenisches Erarbeiten von Figuren und Geschichten werden Texte für Schülerinnen und Schüler eher plastisch.
Die Interpretation ist ein dialogischer Prozess innerhalb der Lerngruppe: Schülerinnen und Schüler stellen durch Spielen eine Interpretation einer Geschichte vor, und die anderen kommentieren, ob diese der Geschichte angemessen ist. Es gibt einen Spielraum, der jedoch nicht beliebig ist: Interpretationen müssen sich am Text und seinen Aussagen orientieren und dürfen diesen nicht ignorieren.
Der Zugang zu den Texten erschließt sich nach Scheller über die Figuren und deren innere und äußere Haltungen, die ihre jeweiligen Erfahrungen verkörpern und ihre Motive und Einstellungen deutlich machen. Diese Haltungen zeigen sich in der Körpersprache, der Art des Sprechens, der Mimik und Gestik und im Verhalten der Figuren zueinander. Man fühlt sich in die Haltungen der Figuren ein und gewinnt gleichzeitig Distanz durch szenische Reflexion.
Für diese Form der Interpretation muss der Text nicht unbedingt vollständig gespielt werden: Bei längeren Texten werden exemplarische Stellen ausgesucht, kürzere Texte

Tourist und Fischer

[1] Vgl. dazu den Basisartikel „Szenische Interpretation" von I. Scheller im Heft 136 von Praxis Deutsch, Velber 1996, S. 22.

können ganz gespielt werden. Auch kann der Text gekürzt oder sinngemäß wiedergegeben werden, solange die entscheidenden Aussagen nicht verfälscht werden. Der folgende Arbeitsprozess bezieht sich exemplarisch auf die Kurzgeschichte „Anekdote zur Senkung der Arbeitsmoral" von Heinrich Böll (**Arbeitsblatt 19**, S. 70f.). Eine weitere Geschichte, die sich auch zur szenischen Umsetzung eignet, ist im Anhang abgedruckt (**Arbeitsblatt 20**, S. 72). Andere Geschichten finden sich in allen gängigen Deutschbüchern.

Spielphase: 1. Doppelstunde

Der Raum wird hergerichtet, es beginnt mit kurzen Aufwärmübungen (Anleitungen zu den Übungen finden sich in Kapitel 6):

- Gänge ausprobieren (1: Einstieg und Aufwärmen)
- Blinde führen und Balanceübungen (2: Wahrnehmen und Vertrauen gewinnen)
- Stimme aufwärmen (3: Atem, Stimme, Sprache)
- Geschichten erzählen (3: Atem, Stimme, Sprache)

Im Sitzkreis wird der Text gemeinsam gelesen, dabei werden Verständnisfragen und unbekannte Begriffe geklärt. Verschiedene Lesetechniken helfen bei der Eingewöhnung in Inhalt und Sprache des Textes:

- In der ersten Leserunde lesen alle in neutraler Tonlage reihum im Sitzkreis – jeder nur einen oder zwei Sätze: Die Figuren werden auf diese Weise von verschiedenen Personen gelesen.
- In der zweiten Leserunde werden wieder nur ein oder zwei Sätze von jedem gelesen. Jetzt kann man die Schülerinnen und Schüler ermuntern, verschiedene *Sprechhaltungen* auszuprobieren wie flüstern, schreiben, stöhnen – auch wenn sie auf den ersten Blick nicht zum Inhalt passen. So wird die Aufmerksamkeit für den Inhalt geweckt und man entdeckt gleichzeitig Varianten für die szenische Umsetzung. Diese zweite Runde kann auch in Gruppenarbeit erfolgen – einige Gruppen können in der Gesamtgruppe vorlesen.
- In der dritten Leserunde teilen sich Gruppen zu drei oder vier Personen auf und lesen den Text szenisch: Erzähler und Rollen werden auf einzelne Personen verteilt und stärker betont – das geschieht am besten im Stehen. Die Rollen können auch getauscht werden. Die eigene Sprechhaltung wird anschließend mit dem Eindruck der Zuhörer verglichen.

Nach der Leserunde werden Vermutungen über die Motive der Figuren, ihre Haltungen und ihre Beziehungen untereinander geäußert und auf einer Tafel/einem Plakat festgehalten:

„Anekdote zur Senkung der Arbeitsmoral"

Der Fischer

- ist mit seinem Leben zufrieden
- ist amüsiert über den Touristen
- sitzt entspannt auf dem Boden

Der Tourist

- ist auch im Urlaub angespannt
- fühlt sich provoziert durch den Fischer
- steht angespannt über ihm

Diese Eindrücke kann man in *Standbildern* verdeutlichen: Man stellt mit den Figuren der Geschichte stumme Bilder, um die Beziehungen der Figuren deutlich zu machen, etwa die Haltung des Fischers und des Touristen am Anfang der Geschichte.
Ähnlich ist es bei *Statuen*: Hier zeigen einzelne Figuren allegorisch bestimmte Verhältnisse, z. B. der Fischer, der moderne Geschäftsmann.

2. Doppelstunde

Im Sitzkreis wird das Ziel der Stunde formuliert: Die Geschichte soll in Gruppenarbeit gespielt werden. Es werden Gruppen gebildet, die einen Sprecher wählen (M 1, M 2). Sie erhalten den Arbeitsauftrag:

- *Setzt die Geschichte „Anekdote zur Senkung der Arbeitsmoral" in eine szenische Darstellung um. Dabei helfen euch folgende Schritte:*
  - *Teilt die Rollen ein und lest den Text gemeinsam mit verteilten Rollen.*
  - *Markiert im Text wichtige Informationen:*
    - *Wo spielt die Geschichte, wie wird der Ort beschrieben?*
    - *Wie werden die Figuren beschrieben? Wie sind sie gekleidet?*
    - *Welche unterschiedlichen Haltungen nehmen sie zu Beginn der Geschichte und im weiteren Verlauf ein?*
    - *Unterstreicht die wörtliche Rede, die in der Szene gesprochen werden soll.*
    - *Kürzt den Text, wo ihr es für sinnvoll haltet.*

Hilfen bei der Gruppenarbeit:

- Man kann die Schülerinnen und Schüler ermuntern, den Text sinngemäß zu sprechen.
- Die Handlungen, die im Text beschrieben sind, sollten möglichst authentisch nachvollzogen werden, man sollte nicht so tun „als ob": Wenn jemand entspannt auf dem Boden liegt, dann liegt er wirklich entspannt auf dem Boden.

Die Schülerinnen und Schüler spielen am Schluss der Stunde ihre Szenen vor, soweit sie fertiggestellt sind (M 3). Die anderen vergleichen sie mit ihren Interpretationen und machen eventuell Verbesserungsvorschläge, die vom Gruppensprecher festgehalten werden.

- *Hausaufgabe: Die einzelnen Rollen lernen ihre Texte.*

Die Stunde endet mit einem Blitzlicht (M 6).

3. Doppelstunde

Es beginnt mit ein oder zwei Übungen aus der 1. Doppelstunde.
Im Sitzkreis erinnern die Gruppen an ihre Verbesserungsvorschläge und besprechen Fragen, die in der Gruppenarbeitsphase entstanden sind:

- Wie ist die Haltung der Figuren? Wie bewegt sich z. B. der Tourist bei seiner Rede?
- Wie kann man die Szene mit Hafen und Boot darstellen? Welche Requisiten werden gebraucht?

Daran schließt sich der Arbeitsauftrag an die Gruppen an:

- *Stellt eure Szenen fertig und überlegt dabei, ob die Haltungen der Figuren deutlich werden.*
  - *Versucht, möglichst ohne Textblatt zu spielen: Sprecht die wörtliche Rede aller Rollen zur Übung gemeinsam durch – zuerst mit Text, dann auswendig.*
  - *Welche Requisiten oder Geräusche werden benötigt, um die Atmosphäre des Ortes wiederzugeben?*

Hilfen bei der Gruppenarbeit:

- Man kann nachfragen, ob die Haltungen der Figuren das ausdrücken, was beabsichtigt ist.
- Man kann an die Bühnenregeln (siehe Kapitel 5) erinnern:
  - nach vorne sprechen
  - nicht mit dem Rücken zum Publikum stehen
  - …

Die Schülerinnen und Schüler spielen am Schluss der Stunde ihre fertigen Szenen vor (M 3). Die anderen vergleichen sie mit ihren Interpretationen.
Im Vordergrund steht die Frage, ob die gespielte Szene zum Text passt. Kreative Interpretationen sind möglich, müssen aber dennoch zur Geschichte passen.

4. Doppelstunde

Durch das Spiel ist der Inhalt des Textes den Schülerinnen und Schülern deutlich geworden. Auf dieser Grundlage lassen sich weiterführende Aufgaben anschließen, die entweder schriftlich oder in szenischer Form bearbeitet werden können. Die Aufgaben sind die Grundlage der späteren Leistungsbewertung:

- Perspektivwechsel: Andere Personen/Beobachter schreiben einen Brief über das Geschehen und lesen ihn vor: Z. B. beobachtet eine Touristin die Unterhaltung zwischen dem Fischer und dem Touristen und schildert ihre Wahrnehmung der Figuren.
- Die Figuren schreiben oder spielen ihren eigenen Eindruck des Geschehens:
  - Der Fischer erzählt abends in der Kneipe über das Gespräch mit dem Touristen (schriftlich oder als Szene).
  - Der Tourist schreibt in sein Tagebuch oder in einem Brief nach Hause, was ihm an der Mole passiert ist.
- Rollenbefragung: Beobachter befragen einzeln die Figuren, warum sie so gehandelt oder argumentiert haben und welchen Eindruck sie von ihrem Gegenüber hatten.
- Die Geschichte als Szene schreiben: Eine Gruppe kann ihre Version der Kurzgeschichte in der gespielten Form mit Regieanweisungen und Dialogen verschriftlichen.

Möglichkeiten der Leistungsbewertung

- Alle weiterführenden Aufgaben der 4. Doppelstunde eignen sich zur Leistungsbewertung.
- Eine Gruppe schreibt ein Arbeitsprotokoll (M 5) über ihre Arbeit und die Ergebnisse.
- Einzelne Schülerinnen und Schüler schreiben eine Interpretation der Geschichte und erläutern, welche Schwerpunkte sie in der szenischen Darstellung gesetzt haben.

Kurzgeschichten lesen und spielen

Heinrich Böll
Anekdote zur Senkung der Arbeitsmoral

In einem Hafen an einer westlichen Küste Europas liegt ein ärmlich gekleideter Mann in seinem Fischerboot und döst. Ein schick angezogener Tourist legt eben einen neuen Farbfilm in seinen Fotoapparat, um das idyllische Bild zu fotografieren: blauer Himmel, grüne See mit friedlichen schneeweißen Wellenkämmen, schwarzes Boot, rote Fischermütze. Klick. Noch einmal: klick, und da aller guten Dinge drei sind und sicher sicher ist, ein drittes Mal: klick. Das spröde, fast feindselige Geräusch weckt den dösenden Fischer, der sich schläfrig aufrichtet, schläfrig nach seiner Zigarettenschachtel angelt, aber bevor er das Gesuchte gefunden, hat ihm der eifrige Tourist schon eine Schachtel vor die Nase gehalten, ihm die Zigarette nicht gerade in den Mund gesteckt, aber in die Hand gelegt, und ein viertes Klick, das des Feuerzeuges, schließt die eilfertige Höflichkeit ab. Durch jenes kaum messbare, nie nachweisbare Zuviel an flinker Höflichkeit ist eine gereizte Verlegenheit entstanden, die der Tourist – der Landessprache mächtig – durch ein Gespräch zu überbrücken versucht.

„Sie werden heute einen guten Fang machen."

Kopfschütteln des Fischers.

„Aber man hat mir gesagt, dass das Wetter günstig ist."

Kopfnicken des Fischers.

„Sie werden also nicht ausfahren?"

Kopfschütteln des Fischers, steigende Nervosität des Touristen. Gewiss liegt ihm das Wohl des ärmlich gekleideten Menschen am Herzen, nagt an ihm die Trauer über die verpasste Gelegenheit.

„Oh, Sie fühlen sich nicht wohl?"

Endlich geht der Fischer von der Zeichensprache zum wahrhaft gesprochenen Wort über. „Ich fühle mich großartig", sagt er. „Ich habe mich nie besser gefühlt." Er steht auf, reckt sich, als wollte er demonstrieren, wie athletisch er gebaut ist. „Ich fühle mich fantastisch."

Der Gesichtsausdruck des Touristen wird immer unglücklicher, er kann die Frage nicht mehr unterdrücken, die ihm sozusagen das Herz zu sprengen droht: „Aber warum fahren Sie dann nicht aus?"

Die Antwort kommt prompt und knapp. „Weil ich heute Morgen schon ausgefahren bin." „War der Fang gut?"

„Er war so gut, dass ich nicht noch einmal auszufahren brauche, ich habe vier Hummer in meinen Körben gehabt, fast zwei Dutzend Makrelen gefangen ..."

Der Fischer, endlich erwacht, taut jetzt auf und klopft dem Touristen beruhigend auf die Schultern. Dessen besorgter Gesichtsausdruck erscheint ihm als ein Ausdruck zwar unangebrachter, doch rührender Kümmernis.

„Ich habe sogar für morgen und übermorgen genug", sagt er, um des Fremden Seele zu erleichtern. „Rauchen Sie eine von meinen?"

„Ja, danke."

Zigaretten werden in Münder gesteckt, ein fünftes Klick, der Fremde setzt sich kopfschüttelnd auf den Bootsrand, legt die Kamera aus der Hand, denn er braucht jetzt beide Hände, um seiner Rede Nachdruck zu verleihen.

„Ich will mich ja nicht in Ihre persönlichen Angelegenheiten mischen", sagt er, „aber stellen Sie sich mal vor, Sie führen heute ein zweites, ein drittes, vielleicht sogar ein viertes Mal aus, und Sie würden drei, vier, fünf, vielleicht gar zehn Dutzend Makrelen fangen ... stellen Sie sich das mal vor."

Der Fischer nickt.

„Sie würden", fährt der Tourist fort, „nicht nur heute, sondern morgen, übermorgen, ja, an jedem günstigen Tag zwei-, dreimal, vielleicht viermal ausfahren – wissen Sie, was geschehen würde?"

Der Fischer schüttelt den Kopf.

„Sie würden sich in spätestens einem Jahr einen Motor kaufen können, in zwei Jahren ein zweites Boot, in drei oder vier Jahren könnten Sie vielleicht einen kleinen Kutter haben, mit zwei Booten oder dem Kutter würden Sie natürlich viel mehr fangen eines Tages würden Sie zwei Kutter haben, Sie würden ...", die Begeisterung verschlägt ihm für ein paar Augenblicke die Stimme, „Sie würden ein kleines Kühlhaus bauen, vielleicht eine Räucherei, später eine Marinadenfabrik, mit einem eigenen Hubschrauber rund fliegen, die Fischschwärme ausmachen und Ihren Kuttern per Funk Anweisung geben, Sie könnten die Lachsrechte erwerben, ein Fischrestaurant eröffnen, den Hummer ohne Zwischenhändler direkt nach Paris exportieren – und dann ...", wieder verschlägt die Begeisterung dem Fremden die Sprache. Kopfschüttelnd, im tiefsten Herzen betrübt, seiner Urlaubsfreude schon fast verlustig, blickt er auf die friedlich hereinrollende Flut, in der die ungefangenen Fische munter springen.

„Und dann“, sagt er, aber wieder verschlägt ihm die Erregung die Sprache. Der Fischer klopft ihm auf den Rücken, wie einem Kind, das sich verschluckt hat. „Was dann?“, fragt er leise.

„Dann“, sagt der Fremde mit stiller Begeisterung, „dann könnten Sie beruhigt hier im Hafen sitzen, in der Sonne dösen – und auf das herrliche Meer blicken.“

„Aber das tu ich ja schon jetzt“, sagt der Fischer, „ich sitze beruhigt am Hafen und – nur Ihr Klicken hat mich dabei gestört.“

Tatsächlich zog der solcherlei belehrte Tourist nachdenklich von dannen, denn früher hatte er auch einmal geglaubt, er arbeite, um eines Tages einmal nicht mehr arbeiten zu müssen, und es blieb keine Spur von Mitleid mit dem ärmlich gekleideten Fischer in ihm zurück, nur ein wenig Neid.

Kurzgeschichten lesen und spielen

Frederik Hetmann

Geräusch der Grille – Geräusch des Geldes

Eines Tages verließ ein Indianer die Reservation und besuchte einen weißen Mann, mit dem er befreundet war. In einer Stadt zu sein, mit all dem Lärm, den Autos und den vielen Menschen um sich – all dies war ganz neuartig und ein wenig verwirrend für den Indianer. Die beiden Männer gingen die Straße entlang, als plötzlich der Indianer seinem Freund auf die Schulter tippte und ruhig sagte: „Bleib einmal stehen. Hörst du auch, was ich höre?“

Der weiße Freund des roten Mannes horchte, lächelte und sagte dann: „Alles, was ich höre, ist das Hupen der Autos und das Rattern der Omnibusse. Und dann freilich auch die Stimmen und die Schritte der vielen Menschen. Was hörst du denn?“ „Ich höre ganz in der Nähe eine Grille zirpen“, antwortete der Indianer. Wieder horchte der weiße Mann. Er schüttelte den Kopf. „Du musst dich täuschen“, meinte er dann, „hier gibt es keine Grillen. Und selbst wenn es hier irgendwo eine Grille gäbe, würde man doch ihr Zirpen bei dem Lärm, den die Autos machen, nicht hören.“

Der Indianer ging ein paar Schritte. Vor einer Hauswand blieb er stehen. Wilder Wein rankte an der Mauer. Er schob die Blätter auseinander, und da – sehr zum Erstaunen des weißen Mannes – saß tatsächlich eine Grille, die laut zirpte. Nun, da der weiße Mann die Grille sehen konnte, fiel auch ihm das Geräusch auf, das sie von sich gab.

Als sie weitergegangen waren, sagte der Weiße nach einer Weile zu seinem Freund, dem Indianer: „Natürlich hast du die Grille hören können. Dein Gehör ist eben besser geschult als meines. Indianer können besser hören als Weiße.“

Der Indianer lächelte, schüttelte den Kopf und erwiderte: „Da täuschst du dich, mein Freund. Das Gehör eines Indianers ist nicht besser und nicht schlechter als das eines weißen Mannes. Pass auf, ich will es dir beweisen!“ Er griff in die Tasche, holte ein 50-Cent-Stück hervor und warf es auf das Pflaster. Es klimperte auf dem Asphalt, und Leute, die mehrere Meter von dem weißen und dem roten Mann entfernt gingen, wurden auf das Geräusch aufmerksam und sahen sich um. Endlich hob einer das Geldstück auf, steckte es ein und ging seiner Wege.

„Siehst du“, sagte der Indianer zu seinem Freund, „das Geräusch, das das 50-Cent-Stück gemacht hat, war nicht lauter als das der Grille, und doch hörten es viele der weißen Männer und drehten sich danach um, während das Geräusch der Grille niemand hörte außer mir. Der Grund dafür liegt nicht darin, dass das Gehör eines Indianers besser ist. Der Grund liegt darin, dass wir alle stets das gut hören, worauf wir zu achten gewohnt sind.“

Aus: Frederik Hetmann: Mondhaus und Sonnenschloß, Verlag Freies Geistesleben, Stuttgart 1989

Baustein 10

Konflikte: Die Last mit den Verboten (Argumentieren – Erörterung)

9./10. Jahrgang – 3 Doppelstunden

Schwerpunkt der Einheit

Ein zentrales Thema für Jugendliche ist die Auseinandersetzung mit den Normen und Werten, die durch Eltern und Schule repräsentiert werden. Sie versuchen, die an sie gestellten Anforderungen und Verpflichtungen, die sich oft in Verboten manifestieren, infrage zu stellen und ihre eigene Position abzugrenzen.
Diese Einheit nimmt das Thema auf und versucht, Modelle zu zeigen, wie sich Konflikte und Auseinandersetzungen so führen lassen, dass die eigene Position eingebracht werden kann, ohne verletzend oder diffamierend zu wirken – die emotionale Seite jedes Konfliktes wird dabei einbezogen. Den Anlass bilden alltägliche Situationen in der Schule, in der Familie oder im Freundeskreis, die das Potenzial für Konflikte enthalten. Dabei sollen Argumentationen entwickelt werden, die das Problem von verschiedenen Seiten beleuchten, die eigene Meinung angemessen vertreten, aber auch Gegenmeinungen zulassen. Dabei kann es sinnvoll sein, sich zu einigen Themen Informationen zu beschaffen.
Das Spielen ergibt anschauliches Material und Argumente für diese Themen, so lassen sie sich im Anschluss ans Spiel leicht in der Form einer Erörterung schriftlich fixieren.

Inhaltliche Vorbereitung

Die Schülerinnen und Schüler lesen vorbereitend Texte zum Thema, die vor allem Konfliktsituationen in der Familie oder unter Jugendlichen behandeln. Dabei steht im Mittelpunkt, den Kern des Konfliktes zu thematisieren und die unterschiedlichen Argumentationen wahrzunehmen.
Zu diesen Themen sind zudem in vielen Deutschbüchern Texte zu finden.
Als Vorbereitung des Spiels werden gemeinsam Situationen und Themen in der Familie oder in der Schule gesammelt, die oft als einengend empfunden werden:

- Wann muss man nach einer Feier zu Hause sein?
- Darf man den Führerschein schon mit 17 Jahren machen?
- Sollten Alkohol und Rauchen unter 16 Jahren erlaubt sein?
- Sollen Kinder und Jugendliche alle Kosten ihres Handys bezahlen?
- Eine Diskussion über als ungerecht empfundene Schulnoten …
- Soll auf der Klassenfahrt Alkohol erlaubt werden?
- Ärger im Sekretariat …
- Auseinandersetzungen um die gefährdete Versetzung …

Die Themen werden auf einem Plakat/einer Tafel festgehalten.
Im Folgenden wird exemplarisch der Konflikt „Führerschein mit 17?" behandelt.

Spielphase: 1. Doppelstunde

Im Sitzkreis werden die aufgeschriebenen Themen vorgelesen. Das Ziel der Einheit wird formuliert: Eines der Themen soll in Gruppen bearbeitet und als Szene gespielt werden. Zum Einstieg gibt es folgendes Warm-up (Anleitungen zu den Übungen finden sich in Kapitel 6):

- Gänge ausprobieren (1: Einstieg und Aufwärmen)
- Entdecke deinen Körper – Isolationsübungen (2: Wahrnehmen und Vertrauen gewinnen)
- Soundball (3: Atem, Stimme, Sprache)
- Stimme aufwärmen (3: Atem, Stimme, Sprache)
- Gefühlsstatue (4: Darstellen und Ausdruck)

Eltern und Sohn

Die Aufgabe für die Gruppen wird formuliert:

■ *Sucht euch einen der geschilderten Konflikte aus und entwickelt dazu eine Szene:*
- *Überlegt euch eine Situation, in der die Szene spielen könnte.*
- *Sammelt zur Vorbereitung Argumente zum Thema und schreibt sie stichwortartig auf.*
- *Achtet darauf, dass die Argumente möglichst alle in der Szene erwähnt werden.*
- *Es soll möglichst eine Lösung für den Konflikt geben.*

Um die Argumentation anzureichern, werden in den Gruppen zuerst für beide Seiten plausible Gründe überlegt und auf einen Zettel/ein Plakat geschrieben:

Führerschein mit 17?

Pro-Argumente

- frühere Fahrpraxis
- nachweislich weniger Unfälle
- man ist unabhängiger von öffentlichen Verkehrsmitteln
- in Amerika gibt es auch den Führerschein für Jugendliche

Kontra-Argumente

- es muss immer ein Erwachsener mitfahren
- die Eltern fahren doch sowieso
- ein Jahr geht es auch noch ohne Führerschein
- mit 17 Jahren ist man zu unreif

Bei arbeitsgleichen Gruppen können die Informationen zum Thema auch in einem Karussell (M 4) ausgetauscht werden.

Die Gruppen überlegen sich Situationen, in denen das Thema „Führerschein mit 17?" angesprochen werden kann, z. B.:

- eine Szene im häuslichen Wohnzimmer: Die Eltern sitzen gemütlich und gucken fern, der Sohn/die Tochter kommt herein und trägt das Anliegen vor. Vielleicht sind Geschwister da und beziehen Stellung
- eine Fernsehdiskussion mit Betroffenen und Experten
- ein Besuch bei Verwandten, bei dem plötzlich das Thema aufbricht
- ...

Die Rollen werden verteilt und die Szene wird geprobt. Die Zettel/Plakate dienen bei der Probe als Erinnerungshilfe, damit keine Argumente vergessen werden.
Die Gruppen können die Szenen lebendig machen, indem sie sich für die einzelnen Rollen kleine Geschichten ausdenken: Die jüngere Schwester mischt sich dauernd ein, weil sie sich am Bruder rächen will. Opa redet immer dazwischen, um seine Meinung zur heutigen Jugend zu verkünden.
Die Szenen werden der Gesamtgruppe vorgestellt, die anderen Schülerinnen und Schüler äußern sich zur Szene und zu der Argumentation und machen Verbesserungsvorschläge.

- Wurde die Argumentation klar?
- Werden die Gefühle der beteiligten Personen deutlich?
- Ist der Schluss plausibel?

Die Gruppen notieren Verbesserungsvorschläge. Die Stunde endet mit einem Blitzlicht (M 6).

2. Doppelstunde

Es beginnt mit zwei Aufwärmübungen aus der ersten Doppelstunde.
Im Sitzkreis wird das Ziel der Stunde besprochen: Die Szenen werden noch einmal geprobt und die Verbesserungsvorschläge werden eingearbeitet. Am Schluss der Stunde werden sie vorgeführt.

Gemeinsam werden Vorschläge gesammelt, wie man mit wenigen Requisiten die Situation anschaulich darstellen kann: einen Kasten/Karton als Fernseher, Gläser und Flaschen, eine Zeitung …

Hilfen bei der Gruppenarbeit:
- Die Gruppen sollten darauf achten, dass die Gefühle der beteiligten Personen (Sorge und Angst, Freude, Enttäuschung und Wut) deutlich werden.

Abschließend werden die Szenen vorgeführt. Die Zuschauer äußern sich zum Konflikt und zur dargestellten Lösung. Verschiedene Argumentationen können verglichen und bewertet werden.

3. Doppelstunde

Die Gruppen können jetzt
- ihre Szenen mit der wörtlichen Rede aufschreiben (M 10) oder
- das Thema als schriftliche Erörterung fixieren und dabei die in der Szene verwendeten Argumente benutzen.

Möglichkeiten der Leistungsbewertung

- Die Szene wird mit Handlung und Dialogen aufgeschrieben (M 10).
- Eine Erörterung zum Thema wird schriftlich ausgearbeitet.
- Einzelne Schülerinnen und Schüler/Gruppen halten ein Referat über die gesetzlichen Bestimmungen, die im Wesentlichen für Jugendliche gelten.
- Die Gruppe schildert ihren Arbeitsprozess und die Erstellung der Pro-und-Kontra-Argumentation (M 5).

Erste Kontakte

10. Jahrgang – 8 Doppelstunden

Schwerpunkt der Einheit

Liebe und Freundschaft, Beziehung und Trennung sind für Schülerinnen und Schüler des 10. Jahrgangs ein zentrales Thema. Dabei ist gerade das Thema des ersten Kontaktes von Bedeutung. Das Internet als moderne Kommunikationsplattform bietet vielfältige Möglichkeiten der Kontaktaufnahme zum anderen Geschlecht. Beiträge auf Internetseiten wie „Talkandflirt" und „Planet Liebe" finden viele jugendliche Leser und Leserinnen und auch die Gespräche auf dem Schulhof oder im Jugendfreizeitheim kreisen immer häufiger um die Begegnungen zwischen Männern und Frauen. Umso wichtiger ist es, den Jugendlichen einen eigenen Zugang zum Thema zu ermöglichen und eine Auseinandersetzung über eigene Wünsche und Bedürfnisse anzuregen.

Inhaltliche Vorbereitung

Die Vorbereitungsphase soll die Schülerinnen und Schüler ermutigen, sich mit dem Thema Kontaktaufnahme im Unterricht zu befassen. Dazu eignet sich ein Artikel der Süddeutschen Zeitung vom 04.03.2005: „Angeblich wissen Frauen nicht mehr, wie man sich einen Mann angelt. Das hat uns nicht ruhen lassen – und wir haben Paul Simons Song ‚50 Wege, wie man seinen Liebhaber verlässt' einfach umgeschrieben." Entstanden ist ein komischer Text mit tatsächlich 50 Möglichkeiten, wie „frau" sich einen Mann angeln kann (siehe **Arbeitsblatt 23**, S. 83). Im gemeinsamen Gespräch können diese Möglichkeiten daraufhin abgeklopft werden, ob sie wirklich umsetzbar sind. Welche anderen Möglichkeiten der Kontaktaufnahme gibt es? Welche Art der Kontaktaufnahme bevorzugen die Schülerinnen und Schüler?

Spielphase: 1. Doppelstunde

Im Sitzkreis wird das Ziel der Stunde formuliert: Lesen und Spielen der *Szene* „Internetkontaktanzeigen" (siehe **Arbeitsblatt 24**, S. 84).
Es folgt ein Warm-up, das besonders die Darstellung von Emotionen und Beziehungen erleichtert und trainiert (Anleitungen zu den Übungen finden sich in Kapitel 6).

- Beschützer und Verfolger (1: Einstieg und Aufwärmen)
- Stimme aufwärmen (3: Atem, Stimme, Sprache)
- Kreis mit Bewegung und Ton (4: Darstellen und Ausdruck)

Die *Szene* wird mit verteilten Rollen gelesen. Sie bietet neun Schülern und Schülerinnen die Möglichkeit zum Spiel. Gemeinsam wird überlegt, wie man die *Szene* spielerisch gestalten kann:

- Wird die *Szene* ernsthaft gespielt oder ironisiert?
- Welche unterschiedlichen Rollen stecken hinter den Kontaktanzeigen und wie kann man sie darstellen?

- Welche Texte können sowohl von Frauen als auch von Männern stammen?
- Wo kann die *Szene* spielen?

Es werden zwei bis drei Gruppen gebildet, die ihre eigene Art der Darstellung dieser *Szene* proben. Anschließend spielen die Gruppen sich die *Szene* gegenseitig vor und vergleichen sie.

- Welche Darstellung ist witziger, welche überzeugender?
- Welche Rollen sind besonders echt dargestellt?
- Welcher Spielort passt am besten zur *Szene*?

Ein Blitzlicht (M 6) beendet die Stunde.

Zeitung lesen

2. Doppelstunde

Das Ziel dieser Stunde – falls es sich nicht bereits am Ende der letzten Stunde ergeben hat – ist die Erarbeitung einer *Szene* mit Kontaktanzeigen in Kleingruppen.
Das Warm-up dient der Einstimmung auf Emotionen und Rollen:

- Blinde führen (2: Wahrnehmen und Vertrauen gewinnen)
- Gefühlsstatue (4: Darstellen und Ausdruck)

Die Schülerinnen und Schüler arbeiten in Paaren und sammeln Ideen für zwei fiktive Rollen und deren Kontaktanzeigen. Jeder Schüler und jede Schülerin arbeitet mit dem **Arbeitsblatt 21** (S. 81).
Nachdem alle Schülerinnen und Schüler eine Kontaktanzeige entworfen haben, werden sie nacheinander vorgelesen. Alle Kontaktanzeigen werden kurz kommentiert und anschließend an die Wand geheftet.
Mit einem Blitzlicht (M 6) endet die Stunde.

3. Doppelstunde

Das kurze Warm-up dient dem Einstieg in das Thema und der Darstellung von Rollen:

- Beschützer und Verfolger (1: Einstieg und Aufwärmen)
- Rollenverhalten trainieren: Jeder Schüler und jede Schülerin liest sich die Beschreibung seiner/ihrer Rolle, die in der letzten Stunde entstanden ist, durch und versucht, diese Rolle im Gehen zu spielen. Er/sie bleibt in seiner/ihrer Rolle und liest seine/ihre Kontaktanzeige – zunächst nur für sich – laut vor.

Nach dem Warm-up werden die Kontaktanzeigen wieder an die Wand geheftet und anschließend zu Gruppen zusammengestellt. In diesen Gruppen werden die Texte später gespielt, d. h., die Texte der Gruppen sollten abwechslungsreich sein und sich ergänzen.
An dieser Aufteilung der Texte orientiert sich auch die Gruppeneinteilung der Spieler, die sich nun zusammenfinden. Die Kleingruppen bearbeiten gemeinsam **Arbeitsblatt 22** (S. 82).
Das Blitzlicht (M 6) findet wieder am Ende der Stunde statt.

4. Doppelstunde

Ziel dieser Doppelstunde ist die Verfeinerung der Kontaktanzeigen-*Szenen*.
Das Warm-up ist das Gleiche wie in der letzten Stunde. Wieder liegt der Fokus auf der Rollenarbeit:

- Gänge ausprobieren (1: Einstieg und Aufwärmen)
- Rollenverhalten trainieren: Jede Schülerin und jeder Schüler liest sich die Beschreibung seiner/ihrer Rolle, die in der letzten Stunde entstanden ist, durch und versucht, diese Rolle im Gehen zu spielen. Er/sie bleibt in seiner/ihrer Rolle und liest seine/ihre Kontaktanzeige – zunächst nur für sich – laut vor.

Die Gruppen spielen sich gegenseitig ihre *Szenen* in ihren improvisierten Bühnenbildern vor. Nach jeder *Szene* bekommen die Gruppen von den Zuschauern ein Feedback:

- Sind die Rollen überzeugend dargestellt?
- Wird der Ort deutlich und passt er zur *Szene*?
- Ist die Zusammenstellung der Texte abwechslungsreich und spannend?
- Welche Ideen für eine Collage der Texte gibt es?

Die Gruppen notieren sich die Rückmeldungen und Anmerkungen.

Anschließend überarbeitet jede Gruppe ihre *Szene* anhand der Notizen (M 10). Besonderes Augenmerk gilt dabei der Collagierung der Kontaktanzeigen.

- *Erstellt eine Collage aus euren Kontaktanzeigen, indem ihr die Texte auseinanderschneidet und neu zusammenfügt.*
- *Achtet dabei auf gleiche oder ähnliche Wörter, Wiederholungen, Gegensätze, witzige Übergänge und andere stilistische Mittel.*

In der Blitzlichtrunde werden die Ziele der nächsten Einheit formuliert.

5. Doppelstunde

Ein kurzes Warm-up dient der Auflockerung und Spielvorbereitung:
Bunny, Bunny, Bunny (1: Einstieg und Aufwärmen)

Die Gruppen proben ihre *Szenen* anhand der in der letzen Stunde erstellten Collage. Dabei konzentrieren sie sich auf die Details ihrer Rolle und proben die Wiederholbarkeit der *Szenen.*

- *Wiederholt eure Szene mehrmals und achtet dabei darauf, dass ihr sie so spielt, wie ihr es festgelegt habt.*
- *Versucht, euch in eure Rollen hineinzuversetzen und die Gefühle und Stimmungen überzeugend darzustellen.*

Die *Szenen* werden wieder im Plenum vorgespielt. Gemeinsam suchen die Schülerinnen und Schüler nach Verbesserungsmöglichkeiten:

- Welche Feinheiten des Spielens und des Ablaufs kann man noch verbessern?
- Sind die *Schauspieler* laut genug?

Die Blitzlichtrunde (M 6) bildet den Abschluss der Doppelstunde. Gemeinsam überlegen die Schülerinnen und Schüler, welche Vorbereitungen für die Aufführung zu treffen sind.

- Sind alle *Kostüme* und *Requisiten* vorhanden?
- In welcher Reihenfolge sollen die *Szenen* gespielt werden?
- Wer wird zur Aufführung eingeladen?

6. Doppelstunde

Im Sitzkreis werden die *Generalprobe* und die Aufführung kurz besprochen.
Das bekannte und kurze Warm-up dient dem Abbau von Anspannung:

- Beschützer und Verfolger (1: Einstieg und Aufwärmen)

Daran schließt sich die *Generalprobe* an:

- *Überprüft, ob alle Kostüme und Requisiten da sind.*
- *Probt den Auf- und Abbau des Bühnenbildes.*
- *Spielt eure Szene so, wie ihr sie festgelegt habt.*
- *Klärt alle Fragen und beseitigt alle Unklarheiten.*
- *Trefft letzte Verabredungen, die wichtig sind.*

Nach der *Generalprobe* wird nur noch bei groben Schnitzern Kritik geübt oder es werden Details besprochen.
Nachdem die letzten Gegebenheiten der Aufführung geklärt sind (siehe Checkliste, Kap. 5), beginnt die Aufführung vor Publikum mit einem „Toi, toi, toi!“ hinter der *Bühne.*

Möglichkeiten der Leistungsbewertung

- Die Zusammenarbeit in der Gruppe kann bewertet werden.
- Die entstandenen Collagen werden benotet.
- Die Schülerinnen und Schüler verfassen eine Beschreibung ihrer Rolle.
- Das Zusammenspiel von Text und Spiel und die richtige Betonung werden bewertet.

Gestaltung von Kontaktanzeigen

- *Sammelt Merkmale einer bestimmten Person, die allein ist und einen Partner sucht:*
  - *Ist es ein Mann oder eine Frau?*
  - *Wie alt ist die Person?*
  - *Was macht sie beruflich?*
  - *Welche Hobbys hat sie?*
  - *Wie sieht ihr Traumpartner aus?*
  - *Warum gibt sie eine Anzeige auf?*
- *Entwerft eine Kontaktanzeige, die zu dieser Rolle passt.*

Inszenierung einer Szene mit Kontaktanzeigen

- *Lest alle Kontaktanzeigen eurer Gruppe nacheinander laut vor und skizziert die jeweiligen Rollen.*
- *Legt die Reihenfolge fest, in der die Texte gelesen werden.*
- *Legt gemeinsam einen Ort fest, an dem eure Szene spielen soll.*
- *Baut euch ein improvisiertes Bühnenbild für diesen Ort.*
- *Findet für jede Rolle einen Platz in diesem Bühnenbild.*
- *Lest eure Texte im Bühnenbild und in der festgelegten Reihenfolge.*

Texte zur inhaltlichen Vorbereitung

50 Ways to Meet Your Lover

Die Süddeutsche Zeitung schrieb am 04.03.2005:

Geschlechter finden zueinander

Angeblich wissen Frauen nicht mehr, wie man sich einen Mann angelt. Das hat uns nicht ruhen lassen – und wir haben Paul Simons Song „50 Wege, wie man seinen Liebhaber verlässt" einfach umgeschrieben. Voilà! Hier ist der erste gereimte Artikel mit 50 Tipps, wie man sich einen Mann angelt:

1. Gib' ihm einen Klaps, Babs!
2. Sei bloß nicht so scheu, Joy!
3. Schau ihm ins face, Grace!
4. Spiel mit dem Knie, Di!
5. Wie wär's mal im Schnee, Kle?
6. Red' nicht über Spliss, Chris!
7. Stapel nicht tief, Eve!
8. Wie wär's mit 'nem Tritt, Britt?
9. Aber tu' ihm nicht weh, Mae!
10. Krieg' ihn ans Phone, Joan!
11. Nur nach dem Lunch, Blanche!
12. Renn' ihm hinterher, Claire!
13. War's denn so schlimm, Kim?!
14. Mach' was mit thrill, Jill!
15. Probier's mit Likör, Fleur!
16. Zeig' dein Gebiss, Liz!
17. Triff' ihn vor'm Klo, Joe!
18. Sei nicht wieder bekifft, Liv!
19. Was ist an ihm dran, Ann?
20. Er hat es gern nett, Pat!
21. Jetzt hör' ihm doch zu, Drew!
22. Spare am Fett, Nat!
23. Er will's meistens schnell, Nell!!
24. Mach' den Mund zu, Sue!
25. Sei völlig plemplem, Pam!
26. Er sieht gerne Haut, Maut!
27. Wackel' mit dem Po, Bo!
28. Du bist ihm zu kess, Bess!
29. Zeig' Dekolleté, Fee!
30. Du bist viel zu gut, Ruth!
31. Wie wär's mit 'nem ..., Vic?
32. Du lässt ihn jetzt steh'n, Gwen!
33. Hat keinen Zweck, Meg!
34. Mach' einen Witz, Fritz!
35. Lock' ihn ins Bett, Cat!!
36. Hier ist es so schwül, Jule!
37. Alles für die Katz', Schatz!
38. Du willst es doch auch, Bauch!
39. Lass' dich richtig geh'n, Jane!
40. Red' keinen Stuss, Gus!
41. Frag' nicht wozu, Flu!
42. In die Haare nur Wax, Max!
43. Quatsch ihm ins Ohr, Dor!
44. Red' keinen Scheiß, Teis!
45. Er ist dir gewiss, Priss!
46. Was für ein Arsch, Marsh!
47. Das kriegst du schon hin, Lynn!
48. Ist er wieder auf Dope, Hope?
49. Er kommt immer näh'r, Mer!
50. Mit ihm gibt es Stress, Tess!

Bernd Graff: 50 Ways to Melt Your Lover,
www.sueddeutsche.de vom 04.03.2005

Texte, die zum Spielen geeignet sind

Barbara Müller
Internetkontaktanzeigen

Neun Spieler verteilen sich im Raum bzw. auf der *Bühne*. Sie sitzen im Sessel oder am Schreibtisch. Alle haben einen Laptop oder Computer vor sich.

Marnie: es ist nie zu spät
Sarah: reist du gern
Kevin: Mann sucht Frau
Conni: magst du Kinder, dann liegst du bei mir richtig
David: attraktiv und trotzdem allein
Jenni: bin wirklich hübsch
Kevin: mag nicht mehr alleine sein
Jessica: nicht schön, aber schlau
Sarah: meine Freundin sagt, ich soll es mal versuchen
Jenni: sei mein Frosch, ne – sei kein Frosch und lass dich von mir küssen
Sarah: mit Dir zum Robbi Williams Konzert
David: Freundin für romantische Stunden gesucht
Sarah: in Venedig Eis essen gehen
Jessica: solvent und seriös
Marnie: mit gutem, gesichertem Einkommen
David: Geld ist nicht wichtig
Conni: finanziell unabhängig
Kevin: intelligent und belesen
Sarah: niveauvoll und liebenswert
Jessica: dominant und flexibel
Marnie: spirituell und ehrlich
Jenni: altlastenfrei und kinderlieb
Conni: knackig und groß gewachsen
David: mit Sinn fürs Feine und Hang fürs Grobe
Kevin: innere Größe wichtiger als äußere Merkmale
Jessica: wäre schön, wenn du größer wärst
Chris: attraktiver Hinterkopf
David: unbedingt attraktiv
Sarah: Attraktivität kein Hindernis
Marnie: sehr attraktives Äußeres
Jenni: Attraktiv wie George Clooney könntest du schon sein
Jessica: Suche attraktiven Herrn für attraktiven Hund
Kevin: Alle meine Freundinnen fanden, äh, finden mich attraktiv
Jenni: Katze „Sina“ vermisst Herrchen! Auf freier Wildbahn habe ich bis jetzt noch nichts gefunden! Wenn du eine wilde, leidenschaftliche, schmusige Rassekatze suchst, dann melde dich bei mir! Maunz ...!
David: Löwemann, wild und ungezähmt, jung und erlebnishungrig, sucht dich, neugierige Stierfrau, zum gemeinsamen Ritt durch tropische Nächte und stürmische Abenteuer.
Chris: Schnittiges Sportboot sucht passenden Kapitän, zwecks Ankern im Hafen der Hoffnung. Attraktive Sie (42, gesch., NR) mit Niveau sucht humorvollen, sportiven und naturverbundenen Ihn, der sich auch gerne frischen Wind um die Nase wehen lässt!
Kevin: Bitte melde dich! Hamburg-Eppendorf, 12.12.2002, Elbtheater-Hermann-Hesse-Abend. Du saßest vor mir, ich konnte nichts sehen. Dein Pferdeschwanz geht mir nicht mehr aus dem Sinn! Bitte dreh' Dich um und ruf mich an! Kennwort: Hermann.
Sarah: Suche netten, dynamischen, gut aussehenden, treuen, anschmiegsamen, romantischen, hilfsbereiten, aktiven, kinderlieben, aufmerksamen, familiären, spontanen, leidenschaftlichen, sportlichen, naturverbundenen, tierlieben und rücksichtsvollen Mann fürs Leben.
Jessica: Ich bin Mitglied der SPD und der AA und suche Mann mit BBB (Bart, Brille, Beruf).
Marnie: Mann, Typ spirituell lebend, erdig-humorvoll, gerne Tantriker/Musiker/Therapeut mit einfühlsamen Händen, melde sich bei attraktiver auch sehr netter Frau (zwecks Erleben tiefer, sinnlicher Freuden). Please send a picture.
Conni: Junge Mutter – bald wieder schlank – sucht dringend kinderlieben und gut situierten Mann. Wohnraum vorhanden – EILT!

Nach dem letzten Wort drücken alle gemeinsam auf die Entertaste.

Baustein 12

Szenische Annäherungen an Praktikum und Berufswelt

9./10. Jahrgang – 3 Doppelstunden

Schwerpunkt der Einheit

Die Erkundung der Berufswelt und die Vorbereitung auf die Ausbildungsplatzsuche werden auf unterschiedliche Art und Weise zum Thema des Deutschunterrichts. Im Mittelpunkt steht die Kommunikation mit Personen außerhalb des geschützten Raumes der Schule – als Suche nach einem Praktikumsplatz oder als Bewerbung um eine Ausbildungsstelle. Der Unterricht kann helfen, Schülerinnen und Schüler mit den Regeln und Standards dieser Kommunikation vertraut zu machen und sie dadurch auf das Leben außerhalb der Schule vorzubereiten.

Die Vorbereitung auf schriftliche Formen wie Lebenslauf und Bewerbungsschreiben ist mittlerweile selbstverständlich. Hier gibt es ausreichend Material und vielfältige Anregungen in allen Lehrbüchern.

Im Mittelpunkt dieser Einheit steht die Vorbereitung auf mündliche Kommunikationsformen, auf Begegnungen mit Personen. Ähnlich wie im Schriftverkehr gelten auch hier bestimmte Formen – sie sind jedoch nicht so explizit formuliert, sondern wirken als „ungeschriebene“ Gesetze: Es spielt eine große Rolle, wie sich ein Bewerber auf einen Praktikumsplatz präsentiert, wie er sich vorstellt und wie er sich ausdrückt – auch in seiner Körpersprache. Die Rollenspiele sollen helfen, diese Regeln kennenzulernen und die eigene „Außendarstellung“ selbstbewusst auszugestalten.

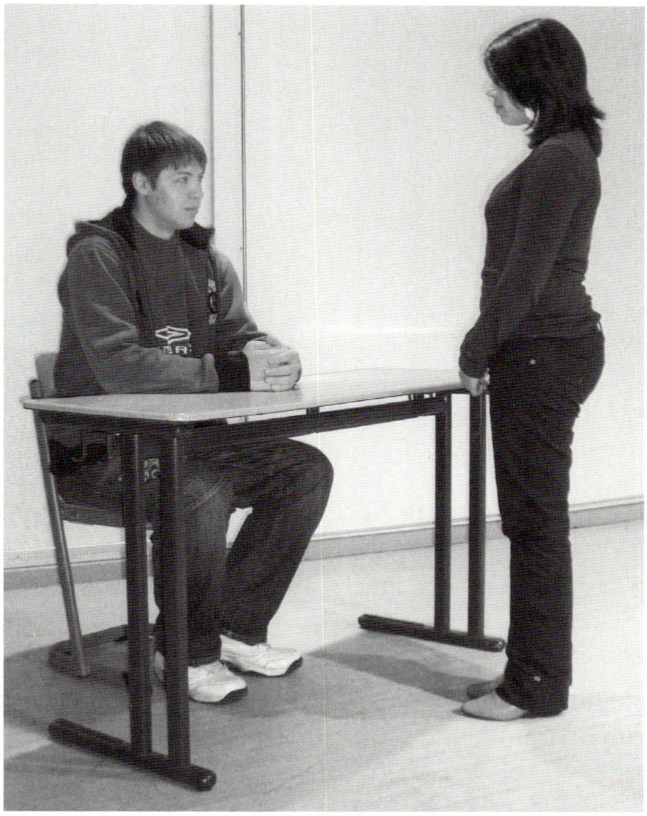

Die Begrüßung

Inhaltliche Vorbereitung

Das Thema beginnt in der Regel mit dem Einüben der schriftlichen Formen wie Lebenslauf und Bewerbungsschreiben. Hier stellen sich die Schülerinnen und Schüler gedanklich auf die Berufswelt ein.

In diesem Zusammenhang überlegt man gemeinsam, wann man in Kontakt mit Personen außerhalb der Schule kommt, und erstellt eine Liste von Situationen möglicher Begegnungen:

- ein Telefongespräch, bei dem man um einen Termin für ein Vorstellungsgespräch bittet,
- ein Vorstellungsgespräch für einen Praktikumsplatz,
- ein Vorstellungsgespräch für einen Ausbildungsplatz,
- der erste Morgen – Arbeitsbeginn im Praktikum,
- möglich auch: ein Bewerbungsgespräch für ein Auslandsstipendium in den USA.

Die Schülerinnen und Schüler tragen in Einzel- oder Gruppenarbeit mithilfe eines Placemats (M 8) alle Aspekte zusammen, die in solchen Situationen eine Rolle spielen. Arbeitsauftrag:

■ *Überlegt erst allein, dann gemeinsam in Gruppen, welche Aspekte bei Bewerbungsgesprächen für ein Praktikum oder einen Ausbildungsplatz eine Rolle spielen.*

Dabei können genannt werden:

- Körperhaltung (Wie sitzt man? Wie ist Haltung der Beine, der Hände, des Oberkörpers?)
- der Gang
- der Gesichtsausdruck (*Mimik*)
- der Blickkontakt
- die Sprechweise – Stimmlage
- die Art der Argumentation: Wie bringt man sein Anliegen vor?
- die Begrüßung
- die Kleidung
- die Pünktlichkeit

Die Aspekte, die die Gruppen erarbeitet haben, werden an der Tafel/auf einem Plakat unter bestimmten Gesichtspunkten geordnet:

- Was zählt alles zur Körperhaltung?
- Was zählt zum Bereich Sprechen und Ausdruck?
- Was zählt zur inhaltlichen Argumentation?

Alle Aspekte zusammen bilden den Eindruck, den man bei einem Gespräch hinterlässt. Das Training in Rollenspielen kann helfen, sich selbst in seiner Außendarstellung besser kennenzulernen und eine angemessene Wirkung nach außen zu entwickeln.

Spielphase: 1. Doppelstunde

Im Sitzkreis wird das gemeinsame Ziel formuliert: Rollenspiele sollen helfen, die eigene Körperhaltung, *Mimik* und Sprache zu beobachten und zu trainieren. Die Übungen sollen darauf vorbereiten, bei Bewerbungsgesprächen sicher und selbstbewusst aufzutreten.

Bewerbungsgespräch

Es beginnt mit einem Warm-up:

- **Blick halten**: Zwei Gruppen stellen sich gegenüber auf, jeder fixiert sein Gegenüber und versucht, so lange wie möglich den Blick zu halten. Wer wegguckt oder lacht, tritt einen Schritt zurück. Die Gruppe, bei der die meisten den Blick halten können, hat gewonnen.
- **Lachgasse**: Einer geht durch eine Gasse, die anderen versuchen, ihn zum Lachen zu bringen.

In den folgenden Spielen können die Schülerinnen und Schüler selber herausfinden, welches Verhalten jemand in einer Situation einnimmt und welche Merkmale das deutlich machen. Die Zuschauer sitzen in der *Publikumsreihe* und beobachten das Verhalten:

- **Sitzübung**: Eine Gruppe geht heraus und bekommt den Auftrag, sich beim Reinkommen in verschiedenen Posen hinzusetzen: Der eine definiert sich als großspurig, ein anderer als selbstbewusst, wieder ein anderer eher zurückhaltend und in sich gekehrt. Die Zuschauer finden heraus, wer welche Haltung einnimmt und woran man das erkennt.
- **Gehübung:** Dasselbe Verfahren gilt für Gangarten: Eine Gruppe verlässt den Raum und verabredet verschiedene Gangarten. Die anderen erraten, welchen Typ der jeweilige Gang darstellt (großspurig, eilig, …).
- **Geschlechter imitieren**: Eine Gruppe Mädchen geht heraus mit dem Auftrag, Jungen in Gang und Körpersprache zu imitieren. Dann geht eine Gruppe Jungen heraus und imitiert Mädchen (eine Übung, die viel Spaß macht).
- **Typen darstellen**: Freiwillige (oder alle) bekommen den Auftrag, bestimmte Typen darzustellen, z. B.:
  - Man spielt das Gegenteil zum eigenen Typ: Schüchterne spielen Mutige, …
  - Man spielt den Typ, der man schon immer sein wollte, …
  - Wettbewerb: Wer stellt „den Stärksten" dar?

Anschließend wird das Verhalten in Gesprächssituationen geübt. Die Schülerinnen und Schüler bilden Gruppen (M 1) und bekommen den folgenden Arbeitsauftrag:

- *Sucht euch eine der folgenden Situationen aus.*
  - *Probt die Situation zehn Minuten und spielt sie dann vor.*
  - *Achtet beim Spiel auf euer Verhalten und eure Körpersprache.*

Situationen:

- Verkaufsgespräch: Man will möglichst preiswert einen Computer oder ein Handy kaufen.
- Ihr geht ins Sekretariat eurer Schule und habt ein Anliegen.
- Ihr führt mit einem Lehrer ein Gespräch, weil er seine Note ändern soll.
- Ein Junge/Mädchen kommt nachts nach Hause und hatte mit dem Wagen der Eltern einen Unfall.

Man kann den einzelnen Rollen gezielte Anweisungen auf Kärtchen vorgeben: Die Sekretärin hat schlechte Laune, die Eltern sind wegen des Wagens besonders empört.

Die Stunde endet mit einem Blitzlicht (M 6).

2. Doppelstunde

Im Sitzkreis wird das Ziel der Stunde formuliert:

> *Ihr sollt in bestimmten Situationen euer eigenes Verhalten beobachten und trainieren.*

Als Vorbereitung wird gemeinsam versucht, die in der inhaltlichen Vorbereitung erarbeiteten Aspekte mit konkreten Empfehlungen zu füllen. Als inhaltlichen Impuls kann man kurz die Ergebnisse psychologischer Forschung referieren:

- Es kommt nicht so sehr darauf an, besonders forsch oder selbstbewusst aufzutreten, wirksamer ist eine Balance zwischen selbstbewusster und entspannter Haltung.

Ziel ist es, in solchen Situationen relativ normal aufzutreten und weder zu unterwürfig noch zu anmaßend zu wirken. Das kann man jetzt gemeinsam für die erarbeiteten Aspekte konkretisieren:

- Körperhaltung: entspannt, nicht zu lässig
- Gang: fest, selbstbewusst
- Gesichtsausdruck: entspannt, freundlich
- Blick: nicht nach unten sehen, möglichst Blickkontakt halten, alle Beteiligten ansehen
- Sprechweise: kräftig und nicht zu leise
- Argumentation: vorher überlegen, was man sagen will, und Notizen machen; das eigene Vorhaben/den eigenen Wunsch begründen, in ganzen Sätzen sprechen
- Kleidung
- Pünktlichkeit: lieber etwas zu früh

Die Schülerinnen und Schüler sollen versuchen, diese Empfehlungen in zwei Situationen umzusetzen:

- ein Telefongespräch, in dem man sich um eine Praktikumsstelle bewirbt,
- ein Bewerbungsgespräch um einen Ausbildungsplatz.

Bei der Übung „Telefongespräch" teilen sich die Schülerinnen und Schüler in Partnergruppen auf: Es können auch zusätzlich Beobachter eingeteilt werden, die das Gespräch beobachten und Tipps geben. Die Gruppen bekommen folgenden Arbeitsauftrag:

- *Einer übernimmt die Rolle des Anrufers, der andere die Seite des angerufenen Betriebes.*
  - *Der Anrufer überlegt sich genau, was er sagen will, und macht sich Notizen.*
  - *Der Angerufene überlegt sich seine Antwort: Er kann zurückhaltend oder entgegenkommend sein, sollte aber letztlich keine Absage erteilen.*
  - *Probt das Gespräch mindestens zweimal und spielt es dann vor.*

Einige der Gruppen spielen ihre Gespräche vor. Die Zuschauer schildern ihren Eindruck und man überlegt gemeinsam, welche Gesprächsstrategien sich als sinnvoll erweisen oder was man noch verbessern könnte.
Für die Szene „Bewerbungsgespräch" werden neue Gruppen eingeteilt (M 1) mit dem Arbeitsauftrag:

- *Verteilt in der Gruppe die Rollen: Bewerber, Chef, Angestellter, Beobachter.*
  - *Überlegt, was ihr in eurer Rolle sagen wollt, und macht euch Notizen: Wie argumentiert der Bewerber, welche Fragen stellt der Chef?*
  - *Probt die Szenen zweimal und überlegt zwischendurch, was man verbessern kann.*

Hilfen bei der Gruppenarbeit:

- Man kann auch hier in den Gruppen Beobachter installieren, die Tipps zur Verbesserung geben.
- Man kann den einzelnen Rollen Aufgaben auf Kärtchen geben, z. B.:
  - Bewerber: Versuche, den Blickkontakt zum Chef zu halten!
  - Bewerber: Versuche, möglichst die Haltung des Chefs zu imitieren!
  - Chef: Sei möglichst kühl und distanziert!

Einige Gruppen spielen ihre Bewerbungsgespräche vor. Die Zuschauer schildern ihren Eindruck und machen Verbesserungsvorschläge.

3. Doppelstunde

Man kann die Situationen mit anderen Gruppen wiederholen, um den Schülerinnen und Schülern mehr Verhaltenssicherheit zu geben. Andere Situationen, in denen Verhalten geübt werden kann, sind:

- der erste Morgen/Arbeitsbeginn im Praktikum,
- ein Bewerbungsgespräch für ein Auslandsstipendium in den USA.

Als zusätzliche Vorbereitung helfen zwei Übungen, die die Schülerinnen und Schüler in dieser Einheit oder privat für sich ausprobieren können:

- Man nimmt sich zehn Minuten Zeit, um in der Schule oder auf der Straße zwei fremde Leute mit einem bestimmten Anliegen anzusprechen.
- Auf dem Weg zum Bewerbungsgespräch geht man gegen den Strom der Passanten und sucht bewusst Blickkontakt.

Möglichkeiten der Leistungsbewertung

- Schülerinnen und Schüler bereiten eine Szene vor und spielen sie der Gruppe vor.
- Schülerinnen und Schüler erstellen in Einzel- oder Partnerarbeit einen Ratgeber/eine Checkliste: Worauf sollte man beim Bewerbungsgespräch achten?
- Die Gruppen schildern den gesamten Ablauf ihrer Arbeit (M 5).

Baustein 13

Großstadt

9./10. Jahrgang – 8 Doppelstunden

Schwerpunkt der Einheit

Jugendliche erleben Großstädte oft sehr ambivalent. Die Vorteile des Lebens in der Großstadt wie Unterhaltung und Abwechslungsreichtum, die Unbegrenztheit der Einkaufs- sowie der Sport- und Kontaktmöglichkeiten und die Vielzahl von Ausbildungsmöglichkeiten und Arbeitsplatzangeboten werden von vielen geschätzt. Dem stehen jedoch subjektiv erlebte Nachteile und Risiken der Großstadt gegenüber: Oberflächlichkeit und Anonymität, Verbrechen und Kriminalität, Hektik und schwierige Wohnsituationen. Ziel der Einheit ist die Auseinandersetzung mit Variationen des Themas „Großstadt“ und die Erarbeitung einer *Szenen*collage. Die Schülerinnen und Schüler arbeiten mit verschiedenen Textgattungen (Gedichte, Songs, Prosatexte), schreiben eigene Texte, übernehmen Rollen und inszenieren kurze *Szenen*.

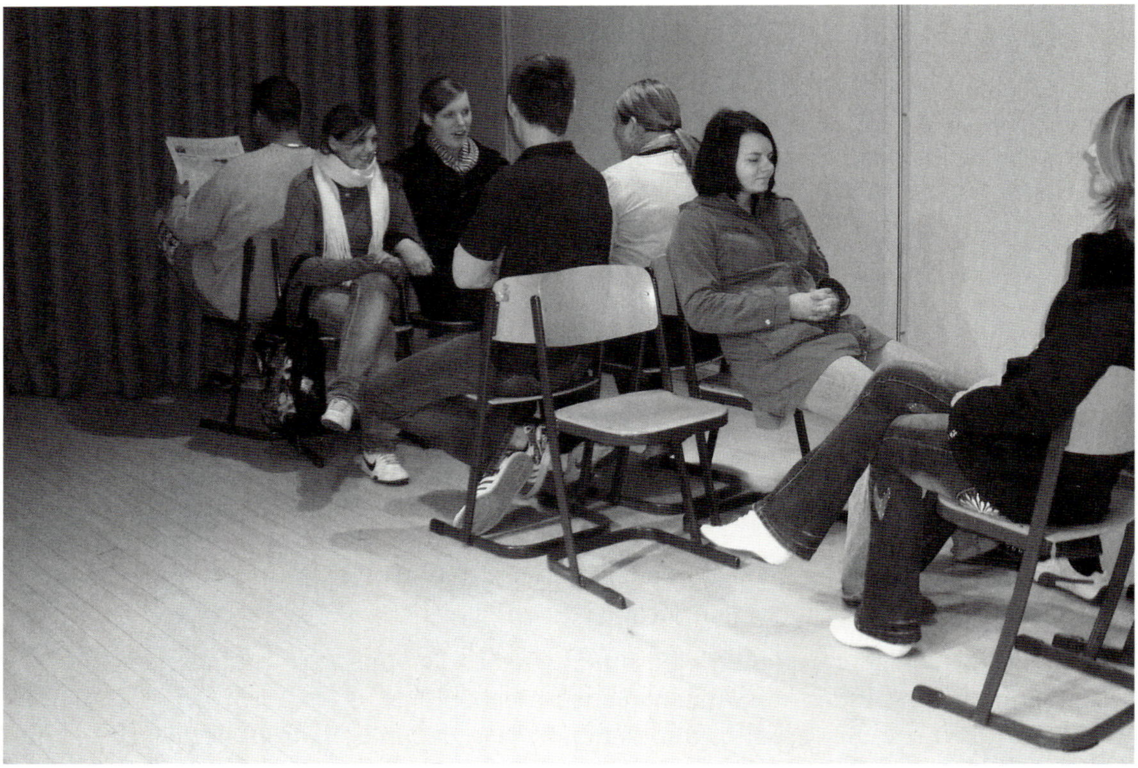

In der U-Bahn

Inhaltliche Vorbereitung

In der inhaltlichen Vorbereitung bietet es sich an, die Schülerinnen und Schüler zunächst mit Aussagen anderer über das Leben in einer Großstadt zu konfrontieren, um den Blick auf das Leben in der eigenen Stadt zu schärfen oder mit ihnen „typische“ Großstadtszenen zu spielen.

Variante I

<u>Gedichte zum Thema „Großstadt</u> (**Arbeitsblatt 26**, S. 97)

Während das Gedicht „Augen in der Großstadt" von Kurt Tucholsky die Anonymität des Einzelnen in der Masse beschreibt, hebt „Herbst in Berlin" von Eva Strittmatter die angenehmen Seiten hervor.
Beide Gedichte können gut gegenübergestellt werden. Zunächst werden sie gemeinsam gelesen und inhaltlich besprochen. Wie sehen die Verfasser das Leben in der Großstadt? Wo liegen die Unterschiede? Gibt es Gemeinsamkeiten? Anschließend üben die Schülerinnen und Schüler, die Gedichte laut in der Stimmung zu lesen, die zu ihnen passt. Sie unterstreichen die Wörter, die besonders hervorgehoben werden sollen, und markieren Sprechpausen.
Im nächsten Schritt sammeln die Schülerinnen und Schüler die Vor- und Nachteile, die das Leben in einer Großstadt für sie hat.

Variante II

<u>U-Bahn-Collage</u> (**Arbeitsblatt 25**, S. 95f.)

Die Schülerinnen und Schüler lesen die *Szene* mit verteilten Rollen. Im Gespräch sammeln sie dann, welche Erfahrungen sie beim Fahren mit der U-Bahn gemacht haben. Ist diese *Szene*, die in einer U-Bahn spielt, realistisch? Fehlt etwas? Welche Personen können noch mitspielen?
In Gruppen von zwei bis drei Personen entwerfen die Schülerinnen und Schüler ihre eigenen Dialoge, die in der U-Bahn spielen, und schreiben sie auf. Die Dialoge werden für die jeweilige Kleingruppe kopiert.
Jede Kleingruppe liest ihren Dialog mit verteilten Rollen vor.
Die Klasse erstellt aus den Dialogen eine gemeinsame Collage, d.h., die Dialoge werden aufgeteilt und in eine Reihenfolge gebracht.
Aus Stühlen wird eine U-Bahn gebaut. Die Schülerinnen und Schüler setzen sich auf die Stühle, wobei die Kleingruppen beieinandersitzen. Die ganze Klasse liest ihre U-Bahn-Collage mit verteilten Rollen.

Spielphase: 1. Doppelstunde

Die Doppelstunde beginnt mit einem Warm-up, das die Schülerinnen und Schüler auf die kreative Arbeit vorbereitet und deren spielerische Fähigkeiten aktiviert (Anleitungen zu den Übungen finden sich in Kapitel 6).

- Katz und Maus (1: Einstieg und Aufwärmen)
- Isolationsübungen (2: Wahrnehmen und Vertrauen gewinnen)
- Soundball (3: Atem, Stimme, Sprache)

Als Einstieg in die Ideensammlung stellen die Schülerinnen und Schüler „Ampel-Bilder". Jeder überlegt sich, welche Großstadtfigur er darstellen möchte. In Kleingruppen von vier bis fünf Personen gehen die Schülerinnen und Schüler auf eine imaginäre Ampel zu. An dieser Ampel bleiben alle im Freeze, d.h. bewegungslos, stehen. Diese „Ampel-*Standbilder*" werden mit einer Polaroidkamera fotografiert. Nach Ablauf dieser Einheit werden die Fotos der *Standbilder* aufgehängt. Die Schülerinnen und Schüler beschreiben die Großstadtfiguren auf den Fotos und stellen Vermutungen über das Leben der dargestellten Personen an.
Im nächsten Schritt wird das „Museum der Großstadtmenschen" dargestellt.

- *Sucht euch die Rolle einer Großstadtfigur aus, z.B. der Obdachlose, der Geschäftsmann, die Chefin, die junge Mutter, ...*
- *Stellt diese Rollen als Standbilder dar.*

- *Überlegt euch zu eurem Standbild einen typischen Satz, z. B.:*
  - *Der Obdachlose: Boah, hab' ich Durst!*
  - *Der Geschäftsmann: Verdammt, ich bin zu spät.*
  - *Die Chefin: Wenn ich zu Hause bin, lege ich erst mal schön die Beine hoch.*
  - *Die junge Mutter: Ich möchte so gern das blaue Kleid!*

In Gruppen zu fünf oder sechs Personen stellen sich die Schülerinnen und Schüler in ihren Rollenstandbildern auf die *Bühne* oder in die Mitte des Raumes. Die anderen Schülerinnen und Schüler stellen sich vor, sie seien in einem Museum, und betrachten die *Standbilder.* Wenn die Museumsbesucher den *Standbildern* auf die Schulter tippen, sprechen diese ihren Satz.
Wenn alle ihre *Standbilder* vorgestellt haben, schreibt jeder seine Rolle und deren Satz auf eine Wandzeitung.

Zum Abschluss der Doppelstunde versammeln sich die Schülerinnen und Schüler in einem Stuhlkreis zu einem Blitzlicht (M 6).

2. Doppelstunde

Das Warm-up dieser Stunde greift – nach anfänglichen Übungen für den Körper und die Stimme – verstärkt das Thema der Einheit auf.

- Blinde führen (2: Wahrnehmen und Vertrauen gewinnen)
- Stimme aufwärmen (3: Atem, Stimme, Sprache)
- Gefühlsstatuen (4: Darstellen und Ausdruck)

Um einen Einstieg zu finden in die Entwicklung von *Szenen*ideen, stellen die Schülerinnen und Schüler Bilder zu einem bestimmten Großstadtthema, z. B.: im Stadtpark. Ein Schüler oder eine Schülerin geht auf die *Bühne* oder in die Mitte des Raumes, nimmt eine Körperhaltung ein und sagt, was er/sie darstellt. Zum Beispiel: „Ich bin die Parkbank." Ein zweiter geht hinzu und stellt etwas anderes dar („Ich bin der Jogger"), bis alle Spieler gemeinsam ein Bild erstellt haben.
Die Gruppe bildet Kleingruppen (M 1). Jede Kleingruppe sammelt Ideen für *Szenen*, die in der Großstadt spielen. Als Methode eignet sich dafür das „Placemat" (M 8).

Beispiele für *Szenen*:
- eine Stadtführung in unserer Stadt
- Besucher kommen von außerhalb
- es ist keine normale Stadtführung
- die Stadtführerin stellt unsere Stadt als schönste Stadt der Welt dar
- negative Aspekte werden ironisiert, positive Aspekte stark übertrieben
- die Besucher sind völlig begeistert

In jeder Kleingruppe wird aufgrund der gemeinsam gesammelten Ideen eine Handlungsskizze der *Szene* erstellt.

Beispiel:
Die verrückte Stadtführung
Eine Stadtführerin – erkennbar an einem Stock mit Fähnchen oder einem Regenschirm – führt eine Gruppe von Besuchern durch unsere Stadt. Sie erzählt von der Geschichte der Stadt, erklärt wichtige oder bedeutende Gebäude und lobt das angenehme Leben und das warmherzige Miteinander. Alle Informationen und Aussagen sind jedoch falsch oder stark übertrieben. Die Stadt wird viel besser dargestellt, als sie ist. Die Besucher merken nichts und

sind fasziniert von unserer Stadt. Sie fragen interessiert nach, loben einzelne Aspekte und reagieren verwundert und sogar begeistert.
In einer Blitzlichtrunde (M 6) wird die Arbeit in dieser Doppelstunde reflektiert:

- Was haben wir gemacht?
- Wie fandet ihr es?
- Was sind die Aufgaben der nächsten Doppelstunde?

3. Doppelstunde

Die Stunde beginnt mit einem kurzen Warm-up:

- Katz und Maus (1: Einstieg und Aufwärmen)
- Kreis mit Bewegung und Ton (4: Darstellen und Ausdruck)

Nach dem Warm-up improvisieren die Schülerinnen und Schüler in den Kleingruppen der letzten Doppelstunde ihre *Szenen* anhand ihrer Handlungsskizzen. Bevor sie mit dem Spielen beginnen, legen sie fest, wie die *Szene* beginnt und endet und wer welche Rolle spielt.
Die *Szenen* werden mehrfach improvisiert, bis sie einen festen Ablauf haben. Dann werden sie der ganzen Klasse vorgespielt.
Das Publikum gibt zu den einzelnen *Szenen* sachliche Rückmeldungen:

- Welche *Szenen* greifen das Thema in einer interessanten und spannenden Art auf?
- Welche *Szenen* sind noch nicht eindeutig oder sehenswert?
- Welche Verbesserungsmöglichkeiten gibt es?

Die Kleingruppen notieren sich die Rückmeldungen und Verbesserungsvorschläge zu ihren *Szenen*.

Das Blitzlicht (M 6) bildet den Abschluss der Stunde.

4. Doppelstunde

Das Warm-up besteht aus folgenden Übungen:

- Bunny, Bunny, Bunny (1: Einstieg und Aufwärmen)
- Rollenverhalten trainieren (5: Darstellen und Ausdruck)

Die Kleingruppen besprechen die notierten Rückmeldungen der letzten Doppelstunde zu ihrer *Szene* und einigen sich darauf, ob und wie sie ihre *Szene* ändern wollen. Die Änderungen werden in der Handlungsskizze vermerkt.

Überarbeitete Handlungsskizze:
Eine Stadtführerin – erkennbar an einem Stock mit Fähnchen oder einem Regenschirm – führt eine Gruppe von Besuchern durch unsere Stadt. **Sie wirkt ausgesprochen freundlich und begrüßt jeden Besucher einzeln.** Sie erzählt von der Geschichte der Stadt, erklärt wichtige oder bedeutende Gebäude und lobt das angenehme Leben und das warmherzige Miteinander. **Im Hintergrund sieht man, wie zwei Personen miteinander streiten.** Alle Informationen und Aussagen sind jedoch falsch oder stark übertrieben. Die Stadt wird viel besser dargestellt, als sie ist. Die Besucher merken nichts und sind fasziniert von unserer Stadt. Sie fragen interessiert nach, loben einzelne Aspekte und reagieren verwundert und sogar begeistert. **Einige erklären, dass sie gerne in dieser Stadt bleiben möchten und sofort eine Wohnung suchen**.

Anhand dieser Handlungsskizze spielt die Kleingruppe ihre *Szene*. Anschließend werden Dialoge und Regieanweisungen mithilfe der Collagentechnik eingefügt (siehe M 6), sodass jede Gruppe am Ende der Stunde die Dialoge und Regieanweisungen komplett notiert hat.

5. Doppelstunde

Zum Aufwärmen der Schülerinnen und Schüler werden zwei Übungen gemacht, anschließend arbeiten sie in ihren Kleingruppen.

- Bunny, Bunny, Bunny (1: Einstieg und Aufwärmen)
- Kreis mit Bewegung und Ton (4: Darstellen und Ausdruck)

Die Arbeit in den Kleingruppen konzentriert sich in dieser Doppelstunde auf die Details und die Wiederholbarkeit der *Szenen*:

- *Wiederholt eure Szene mehrmals und achtet dabei darauf, dass alle alles ungefähr so spielen, wie ihr es notiert habt.*
  Versucht, euch in eure Rollen hineinzuversetzen und ihre Gefühle und Stimmungen möglichst echt darzustellen.

Die Generalprobe bildet den Abschluss der Doppelstunde. Jede Gruppe hat dabei die Gelegenheit, auf der Bühne zu spielen, die auch bei der Aufführung zur Verfügung steht. Anschließend überlegen die Schülerinnen und Schüler, welche Vorbereitungen für die Aufführung zu treffen sind.

6. Doppelstunde

Das Warm-up ist nur kurz und fördert vor allem den Abbau des Lampenfiebers und die Konzentration.
- Katz und Maus (1: Einstieg und Aufwärmen)
- Isolationsübungen (2: Wahrnehmen und Vertrauen gewinnen)

Vor der eigentlichen Aufführung wird die Reihenfolge der *Szenen* festgelegt. Alle Gruppen stellen ihre benötigten *Requisiten* hinter der Bühne bereit. Die *Applausordnung* wird geklärt: Verbeugen sich alle gemeinsam oder die einzelnen Kleingruppen bzw. Rollen?
Nachdem sämtliche Vorbereitungen für die Aufführung getroffen wurden, versammeln sich alle Beteiligten. Ein gemeinsames „Toi, toi, toi!" o. Ä. fördert den Spaß an der Aufführung und stärkt den Zusammenhalt. Anschließend nehmen die Spieler ihre Plätze ein, das Publikum wird eingelassen, die Aufführung beginnt.

Möglichkeiten der Leistungsbewertung

- Die Mitarbeit an der Gedichtanalyse wird bewertet.
- Die improvisierten *Szenen* werden verschriftlicht.
- Die Handlungsskizzen werden dialogisiert.
- Die Gruppenarbeit wird bewertet.

Text zum Spielen

Barbara Müller
U-Bahn – Collage

Jeanette:	Ich mache das jedenfalls nicht noch mal.
Gabi:	Hast du doch selbst gewollt.
Jeanette:	Ja, aber nur, weil du keine Ruhe gegeben hast.
Gabi:	Klar, jetzt war ich es wieder.
Mia:	Was es heute wohl für Kuchen gibt? Dich würde doch sicher Apfelkuchen interessieren.
Trude:	Ja. Schwarzwälder Kirsch gibt es ja heute nicht, heute ist ja Freitag. Freitags haben die ja keine Schwarzwälder Kirsch. Käsesahne hatte ich gestern und Stachelbeerbaiser möchte ich nicht.
Sonja:	Ey, Scheiße! Die nächsten Tage Dauerregen!
Susi:	Ich bin in letzter Zeit immer müde – ich könnte ständig schlafen – ich bekomme überhaupt nichts geregelt!
Sonja:	Das liegt bestimmt am Wetter! Und habe ich auch schon wieder meinen Schirm vergessen.
Andrea:	Das ist doch die 405, oder? Richtung Hauptfriedhof oder Schloss?
Lilo:	Ich fahre nur bis zum Bahnhof.
Andrea:	Ich müsste am Klinikum aussteigen. Hier steht, dass das die dritte Haltestelle ist.
Lilo:	Ab wo?
Andrea:	Ab wo ich eingestiegen bin.
Sonja:	Ich komme morgens nicht aus dem Bett. Aber wenigstens ist es morgens schon wieder heller.
Susi:	Ja, langsam merkt man, dass es abends länger hell bleibt. Aber der Regen macht einen ganz depressiv.
Randy:	Hast du schon den neuen James Bond gesehen? Echt cool, der Typ!
Matze:	Hab' ich letzte Woche schon gesehen.
Randy:	Ich fand echt geil, wie das Haus da versunken ist … und alle drin.
Matze:	Hast du gesehen, wie der fiese Typ Blut geweint hat?
Sonja:	Bei dem Sauwetter habe ich überhaupt keine Lust, mit meinem Hund Gassi zu gehen. Ich habe ihm schon beigebracht, im Vorgarten Pipi zu machen und dann bekommt er immer sein Leckerli. Das klappt super!
Susi:	Bei unserem Hund geht das leider nicht. Der nimmt Entwässerungspillen und muss ständig Pipi – und das bei dem Wetter!
Randy:	Ob das wirklich geht? Ich glaube, das haben die nur im Film so gemacht.
Matze:	Und das mit der Vergiftung geht so auch nicht. Da bist du sofort tot.
Mia:	Ne, Schwarzwälder Kirsch gibt es freitags nicht. Vielleicht haben sie Cappuccinokuchen. Den haben sie ja nicht so oft. Schwarzwälder Kirsch gibt es heute nicht. Es ist ja Freitag.
Trude:	Dann nehme ich den Cappuccinokuchen.
Mia:	Ich auch und einen Lago Maggiore.
Trude:	(sieht Mia fragend an)

Mia:	(Sie merkt, dass das Getränk nicht Lago Maggiore heißt, kommt aber nicht auf den Namen.) Na, diese drei Schichten im Glas, wie heißt das denn noch?
Trude:	Dass es da aber auch kein deutsches Wort für gibt. Wie heißt es denn gleich? Lago … Lago … Drei Schichten, drei Schichten – Dreischichtkaffee! Ich sage jetzt immer Dreischichtkaffee.
Mia:	Ich nehme ein Kännchen Kaffee. Wie immer.
Andrea:	Vielleicht bin ich schon zu weit gefahren?
Jeanette:	Am Klinikum sind wir noch nicht vorbei.
Gabi:	Du musst es ja wissen. Du fährst doch immer nur bis Bahnhof.
Sonja:	Aber wir haben es ja noch gut, in Norwegen – bei denen ist es ein ½ Jahr dunkel.
Susi:	Im Süden müsste man leben!
Sonja:	Sauwetter!

Texte zur inhaltlichen Vorbereitung

Kurt Tucholsky
Augen in der Großstadt

Wenn du zur Arbeit gehst
am frühen Morgen,
wenn du am Bahnhof stehst
mit deinen Sorgen:
da zeigt die Stadt
dir asphaltglatt
im Menschentrichter
Millionen Gesichter:
Zwei fremde Augen, ein kurzer Blick,
die Braue, Pupillen, die Lider –
Was war das? Vielleicht dein Lebensglück …
Vorbei, verweht, nie wieder.

Du gehst dein Leben lang
auf tausend Straßen;
du siehst auf deinem Gang,
die dich vergaßen.
Ein Auge winkt,
die Seele klingt;
du hast's gefunden,
nur für Sekunden …
Zwei fremde Augen, ein kurzer Blick,
die Braue, Pupillen, die Lider –
Was war das? Kein Mensch dreht die Zeit zurück …
Vorbei, verweht, nie wieder.

Du musst auf deinem Gang
durch Städte wandern;
siehst einen Pulsschlag lang
den fremden Andern.
Es kann ein Feind sein,
es kann ein Freund sein,
es kann im Kampfe dein
Genosse sein.
Er sieht hinüber
und zieht vorüber …
Zwei fremde Augen, ein kurzer Blick,
die Braue, Pupillen, die Lider –
Was war das?
Von der großen Menschheit ein Stück!
Vorbei, verweht, nie wieder.

Aus: Großstadtlyrik, Stuttgart 1999

Eva Strittmatter
Herbst in Berlin

Ich habe das gern, in Berlin zu *sehn*.
Ich seh einfach gern in fremde Gesichter.
Ich habe das gern jetzt im Herbst, wenn die Lichter
Und Lampen im Zwielicht angehn.
Es gibt in der Stadt ein perlmutternes Licht,
Das im Umkreis der Neonlampen entsteht.
Türkis-violett. Auf einer Schicht
Weißen Silbers. Schön, wenn man geht
Vom Strausberger Platz zum Frankfurter Tor
Links der Allee. Vor
Den Blumenrabatten, die Baumreihen lang.
Da sitzen die Leute Bank an Bank.
Unfesche Leute. Einfach. Viel alt.
Doch auch Jugend viel. In purer Gestalt
Das Volk dieser Stadt hält Atempause.
Raucht, schwatzt und geht gelassen nach Hause.
Mit dem Licht in sich, das zu Apfelrot reifte,
und dem Lächeln, an das man zufällig streifte,
als ein schönes Mädchen vorüberging,
das ein reiner Junge wie erstmals umfing,
nicht auf herausfordernd offene Weise,
sondern verlegen, lächelnd und leise,
wie Liebe in Märchen von Andersen geht.
Und das Bild dieser Stadt, das die beiden umsteht –
Kulisse unbedingt glückhafter Handlung –
Geht vom Abend zur Nacht in die nächste
Verwandlung.

Aus: Eva Strittmatter. Sämtliche Gedichte. (das Gedicht erschien erstmals 1983 in E. Strittmatter: Heliotrop. Gedichte im Aufbau-Verlag; Aufbau ist eine Marke der Aufbau Verlagsgruppe GmbH)

Baustein 14

Dramen szenisch verstehen: Andorra

9./10. Jahrgang – mind. 4–6 Doppelstunden

Schwerpunkt der Einheit

Ein Drama ist kein Roman. Was wie eine Binsenweisheit klingt, bereitet Schülerinnen und Schülern oft große Verständnisschwierigkeiten: Beim Drama fehlt der Erzähler, der den Leser durch die Handlung führt und Einblicke ins Innenleben und die Motive der Figuren erlaubt. Nur der Sprechtext der Figuren und die – oft sparsamen – Bühnenanweisungen des Autors bleiben, um den Sinn des Stückes zu verstehen.
Wenn Schülerinnen und Schüler einzelne Szenen eines Dramas nachspielen, versetzen sie sich in die Rolle eines Regisseurs; sie nehmen selber eine Erzählerhaltung ein, indem sie überlegen, wie die Szenen auf der Bühne aussehen sollen und wie die Spieler agieren. Sie rekonstruieren so den inneren Zusammenhang des Dramas und verdeutlichen sich die Motive der Figuren und ihre Beziehungen untereinander.
Dieser Unterrichtsbaustein orientiert sich am Ansatz des Szenischen Interpretierens von I. Scheller.[1] Der Zugang zu Dramen erschließt sich nach Scheller über die Figuren und deren innere und äußere Haltungen, die ihre jeweiligen Erfahrungen verkörpern und ihre Motive und Einstellungen deutlich machen. Diese Haltungen zeigen sich in der Körpersprache, der Art des Sprechens, der *Mimik* und *Gestik* und im Verhalten der Figuren zueinander. Man fühlt sich in die Haltungen der Figuren ein und gewinnt gleichzeitig Distanz durch die szenische Bearbeitung des Textes.
Die Interpretation ist – ähnlich wie bei epischen Texten – ein Erarbeitungsprozess: Schülerinnen und Schüler stellen durch ihr Spiel eine Interpretation einer Szene vor. Auch wenn es einen Spielraum gibt, müssen sich Interpretationen am Text und seinen Aussagen orientieren. Besonders spannend wird es, wenn man die eigenen Interpretationen mit der Aufführung an einem Stadttheater vergleicht.
Szenisches Interpretieren bedeutet nicht, das ganze Stück zu spielen. Einige exemplarische Szenen – etwa der Anfang oder der Schluss eines Dramas – können helfen, eine plastischere Vorstellung der Figuren und ihrer Beziehungen zu gewinnen.

Inhaltliche Vorbereitung

Die hier vorgestellte Vorgehensweise lässt sich im Prinzip auf jedes Drama anwenden. Im Folgenden werden die einzelnen Schritte exemplarisch am Beispiel „Andorra" von Max Frisch[2] erläutert.
Zur inhaltlichen Vorbereitung kann man Arbeitsaufträge an Gruppen vergeben, deren Ergebnisse vorgetragen und gemeinsam besprochen werden. Sie bilden den Verständnishintergrund für die Erarbeitung der einzelnen Szenen:

1 Vgl. den Basisartikel „Szenische Interpretation" von I. Scheller im Heft 136 von Praxis Deutsch, Velber 1996, S. 22.
2 Max Frisch, Andorra, Frankfurt a. Main 2006 (Suhrkamp Taschenbuch 277)

- *Informiert euch in Lexika über den Inhalt des Dramas und gebt ihn kurz mündlich wieder.*
- *Informiert euch über die Person des Autors und stellt eure Informationen mündlich dar.*
- *Erstellt auf einem Plakat eine Liste der Figuren, die in dem Drama vorkommen.*

Spielphase: 1. Doppelstunde

Der Raum wird so hergerichtet, dass man genug Platz hat. Es beginnt mit einem Warm-up, das besonders das Körpergefühl und die Stimme trainiert (Anleitungen zu den Übungen finden sich in Kapitel 6):

- Blinde führen (2: Wahrnehmen und Vertrauen gewinnen)
- Entdecke deinen Körper: Isolationsübungen (2: Wahrnehmen und Vertrauen gewinnen)
- Soundball (3: Atem, Stimme, Sprache)
- Geschichten erzählen (3: Atem, Stimme, Sprache)
- Gefühlsstatue (4: Darstellen und Ausdruck)

Der Beginn der Szene

Zu Beginn wird die Einteilung des Dramas in 12 Bilder (= *Szenen*) besprochen (vgl. dazu das **Glossar**, S. 114). Als Einstieg wird eine *Szene* des Dramas gelesen, sinnvoll ist die Eingangsszene oder eine der folgenden Szenen. In dieser Einheit wird der Anfang des 1. Bildes aus „Andorra" thematisiert (siehe **Arbeitsblatt 27**, S. 103f.)
Im Sitzkreis wird die Szene gemeinsam gelesen, dabei werden Verständnisfragen und unbekannte Begriffe geklärt. Verschiedene Lesetechniken helfen bei der Eingewöhnung in Inhalt und Sprache des Textes:

- In der ersten Leserunde lesen alle in neutraler Tonlage reihum im Sitzkreis – jeder nur einen oder zwei Sätze: Die Figuren werden auf diese Weise von verschiedenen Personen gelesen.
- In der zweiten Leserunde werden wieder nur ein oder zwei Sätze von jedem gelesen. Jetzt kann man die Schülerinnen und Schüler ermuntern, verschiedene *Sprechhaltungen* auszuprobieren wie flüstern, schreiben, stöhnen – auch wenn sie auf den ersten Blick nicht zum Inhalt passen. Dadurch wird die Aufmerksamkeit der Zuhörer geweckt und man entdeckt gleichzeitig Varianten für die szenische Umsetzung. Diese Phase kann auch in Gruppenarbeit erfolgen – einige Gruppen können vor der Klasse spielen.
- In der dritten Leserunde teilen sich Gruppen zu vier oder fünf Schülern auf und lesen den Text szenisch: Die Rollen werden auf die Personen verteilt und stärker betont – das geschieht am besten im Stehen. Die Rollen können auch getauscht werden. Einige Gruppen spielen vor, die Sprechhaltung wird anschließend mit dem Eindruck der Zuhörer verglichen.

Nach der Leserunde werden Vermutungen über die Motive der Figuren, ihre Haltungen und ihre Beziehungen untereinander geäußert und auf einer Tafel/einem Plakat festgehalten.

■ *Überlegt, welche Motive die Figuren bei ihren Handlungen haben und in welcher Beziehung sie zu den anderen Personen stehen.*

Andri

- möchte gerne Tischler werden
- gilt als Jude, ist es aber nicht
- wird von anderen als Jude verspottet

Barblin

- ist Andris Schwester, Andri weiß das nicht
- ist in Andri verliebt

der Vater/Lehrer

- verschweigt die wahre Identität Andris
- verkauft sein Haus, damit Andri Tischler werden kann

der Tischler

- lässt sich die Lehrstelle gut bezahlen
- verspottet Andri aber dennoch

Die Beziehungen zwischen den Figuren kann man in *Standbildern* verdeutlichen: Man stellt mit den Figuren des Stückes stumme Bilder, sodass in den Haltungen der Figuren ihre Gefühle und Beziehungen deutlich werden, etwa

- die Beziehung zwischen Andri und Barblin,
- das Verhältnis zwischen dem Tischler und Andri,
- zwischen dem Vater und dem Tischler oder
- die Familie mit Vater, Andri und Barblin.

Ähnlich ist es bei *Statuen*: Hier zeigen einzelne Figuren allegorisch bestimmte Verhältnisse, z. B. der Tischler als reicher und selbstbewusster Handwerker oder Andri als unterwürfiger Lehrling.

2. Doppelstunde

Es beginnt mit einem Warm-up aus der 1. Doppelstunde, z. B. den Isolationsübungen.
Im Sitzkreis wird das Ziel der Stunde formuliert: Der Anfang des 1. Bildes soll in Gruppenarbeit erarbeitet und gespielt werden.
Es werden Gruppen gebildet, die einen Sprecher wählen (M 1, M 2). Es können auch arbeitsteilige Gruppen weitere Szenen aus Andorra spielen, z. B. das 3. Bild.
Vor dem Arbeitsauftrag kann man gemeinsam besprechen, wie sich die Szene aktualisieren lässt: Wie kann man z. B. das Orchestrion durch ein zeitgemäßes Gerät ersetzen?

■ *Spielt den Anfang des 1. Bildes aus „Andorra" von Max Frisch. Beachtet folgende Schritte:*
- *Teilt die Rollen ein und lest den Text gemeinsam mit verteilten Rollen.*
- *Markiert im Text wichtige Informationen:*
  – *Wie wird der Ort der Handlung beschrieben?*
  – *Wie werden die Figuren beschrieben? Welche Haltungen nehmen sie zu Beginn der Szene und im weiteren Verlauf ein?*
  – *Unterstreicht die wörtliche Rede für eure Rolle. Kürzt den Text, wo ihr es für sinnvoll haltet.*

Mögliche Hilfen bei der Gruppenarbeit:

- Man kann die Schülerinnen und Schüler ermuntern, den Text bei den ersten Proben sinngemäß zu sprechen und den Text nicht in der Hand zu halten.
- Die Handlungen, die im Text beschrieben sind, sollten möglichst authentisch nachvollzogen werden, man sollte nicht so tun „als ob“: Wenn Barblin über dem Soldaten steht, sollte sie auf einem Stuhl oder einer Leiter stehen.

Die Schülerinnen und Schüler spielen am Schluss der Stunde ihre Szenen vor, soweit sie fertiggestellt sind (M 3). Die anderen vergleichen sie mit ihren Interpretationen und machen eventuell Verbesserungsvorschläge, die vom Gruppensprecher festgehalten werden.

Die Stunde endet mit einem Blitzlicht (M 6).

■ *Hausaufgabe: Die einzelnen Rollen lernen ihre Texte.*

3. Doppelstunde

Es beginnt mit ein oder zwei Übungen aus der 1. Doppelstunde.
Im Sitzkreis erinnern die Gruppen an ihre Arbeitsaufträge/Verbesserungsvorschläge und besprechen offene Fragen mit dem Arbeitsauftrag:

■ *Stellt eure Szenen fertig und überlegt, ob die Haltungen der Figuren deutlich werden.*
Sprecht vor dem Proben die wörtliche Rede der Rollen gemeinsam durch: zuerst mit Text, dann auswendig.
Welche Requisiten oder Geräusche werden benötigt, um die Atmosphäre des Ortes wiederzugeben?

Hilfen bei der Gruppenarbeit:

- Man kann nachfragen, ob die Haltungen der Figuren ausdrücken, was beabsichtigt ist.
- Man kann an die Bühnenregeln (siehe Kapitel 5) erinnern:
  - nach vorne sprechen
  - nicht mit Rücken zum Publikum stehen
  - ...

Die Schülerinnen und Schüler spielen am Schluss der Stunde ihre fertigen Szenen vor (M 3). Die anderen vergleichen sie mit ihren Interpretationen. Im Vordergrund steht die Frage, ob die gespielte Szene zum Text passt. Kreative Interpretationen sind möglich, müssen aber zur Geschichte passen.

4. – 6. Doppelstunde

Durch das Spiel sind die Figuren den Schülerinnen und Schülern deutlich geworden. Auf dieser Grundlage kann man die weiterführende Lektüre des Dramas anschließen; dabei lassen sich einige Elemente des szenischen Interpretierens ohne großen Aufwand im Unterricht nutzen, da sie punktuell beim Verständnis helfen können:

- die Formen des szenischen Lesens aus der 1. Doppelstunde und
- die Arbeit mit Standbildern.

Daran lassen sich weiterführende Aufgaben anschließen, die entweder schriftlich oder in szenischer Form bearbeitet werden können. Die Aufgaben sind die Grundlage der späteren Leistungsbewertung.

- *Sucht euch allein oder in Partner-/Gruppenarbeit eine der folgenden Aufgaben aus:*
  - *Perspektivwechsel: Andere Personen/Beobachter schreiben einen Brief über das Geschehen und lesen ihn vor, z. B.: Barblin schildert ihr Verhältnis zu Andri.*
  - *Die Figuren schreiben oder spielen ihren eigenen Eindruck des Geschehens:*
    - *Der Tischler schildert anderen Handwerkern seinen Eindruck von Andri (schriftlich oder als Szene),*
    - *der Vater schreibt in sein Tagebuch, wie sich die Stimmung in Andorra langsam verändert und gegen Andri wendet.*
  - *Rollenbefragung: Beobachter befragen einzeln die Figuren, warum sie so gehandelt oder argumentiert haben und welchen Eindruck sie von ihrem Gegenüber hatten.*
  - *Rollenbeschreibung: Ausgehend von den Notizen der 1. Doppelstunde zu den einzelnen Rollen, kann man stichwortartig eine Beschreibung der wichtigsten Rollen und ihrer Motive verfassen.*

Anschließend kann man
- weitere Szenen exemplarisch lesen und besprechen oder
- exemplarische Szenen aus der Mitte oder dem Schluss des Stückes spielen lassen. Wenn man arbeitsteilig vorgeht, kann man insgesamt mehr Szenen „sichtbar" machen. Alle Szenen sollten vor der Gesamtgruppe vorgestellt und von den Zuschauern kommentiert werden.

Möglichkeiten der Leistungsbewertung

- Alle weiterführenden Aufgaben der 4. Doppelstunde eignen sich zur Leistungsbewertung.
- Eine Gruppe schreibt ein Arbeitsprotokoll (M 5) über ihre Arbeit an einer Szene.
- Einzelne Schülerinnen und Schüler schreiben eine Interpretation des Dramas und erläutern ihre Sicht der Handlung.

Notizen

Eine Szene aus einem Drama spielen

Max Frisch: Andorra (Auszug)

1. Bild

Vor einem andorranischen Haus. Barblin weißelt die schmale und hohe Mauer mit einem Pinsel an langem Stecken. Ein andorranischer Soldat, olivgrau, lehnt an der Mauer.

BARBLIN: Wenn du nicht die ganze Zeit auf meine Waden gaffst, dann kannst du ja sehn, was ich mache. Ich weißle. Weil morgen Sanktgeorgstag ist, falls du das vergessen hast. Ich weißle das Haus meines Vaters. Und was macht ihr Soldaten? Ihr lungert in allen Gassen herum, eure Daumen im Gurt, und schielt uns in die Bluse, wenn eine sich bückt. *Der Soldat lacht.* Ich bin verlobt.

SOLDAT: Verlobt!

BARBLIN: Lach nicht immer wie ein Michelin-Männchen.

SOLDAT: Hat er eine Hühnerbrust?

BARBLIN: Wieso?

SOLDAT: Daß du ihn nicht zeigen kannst.

BARBLIN: Laß mich in Ruh!

SOLDAT: Oder Plattfüße?

BARBLIN: Wieso soll er Plattfüße haben?

SOLDAT: Jedenfalls tanzt er nicht mit dir. *Barblin weißelt.* Vielleicht ein Engel!

Der Soldat lacht. Daß ich ihn noch nie gesehen hab.

BARBLIN: Ich bin verlobt!

SOLDAT: Von Ringlein seh ich aber nichts.

BARBLIN: Ich bin verlobt,

Barblin taucht den Pinsel in den Eimer. und überhaupt – dich mag ich nicht.

Im Vordergrund, rechts, steht ein Orchestrion. Hier erscheinen – während Barblin weißelt – der Tischler, ein behäbiger Mann, und hinter ihm Andri als Küchenjunge.

TISCHLER: Wo ist mein Stock?

ANDRI: Hier, Herr Tischlermeister.

TISCHLER: Eine Plage, immer diese Trinkgelder, kaum hat man den Beutel eingesteckt –

Andri gibt den Stock und bekommt ein Trinkgeld, das er ins Orchestrion wirft, so daß Musik ertönt, während der Tischler vorn über die Szene spaziert, wo Barblin, da der Tischler nicht auszuweichen gedenkt, ihren Eimer wegnehmen muß. Andri trocknet einen Teller, indem er sich zur Musik bewegt, und verschwindet dann, die Musik mit ihm.

BARBLIN: Jetzt stehst du noch immer da?

SOLDAT: Ich hab Urlaub.

BARBLIN: Was willst du noch wissen?

SOLDAT: Wer dein Bräutigam sein soll.

Barblin weißelt. Alle weißeln das Haus ihrer Väter, weil morgen Sanktgeorgstag ist, und der Kohlensack rennt in allen Gassen herum, weil morgen Sanktgeorgstag ist: Weißelt, ihr Jungfraun, weißelt das Haus eurer Väter, auf daß wir ein weißes Andorra haben, ihr Jungfraun, ein schneeweißes Andorra.

BARBLIN: Der Kohlensack – wer ist denn das wieder?

SOLDAT: Bist du eine Jungfrau? *Der Soldat lacht.* Also du magst mich nicht.

BARBLIN: Nein.

SOLDAT: Das hat schon manch eine gesagt, aber bekommen hab ich sie doch, wenn mir ihre Waden gefallen und ihr Haar. *Barblin streckt ihm die Zunge heraus.*

Und ihre rote Zunge dazu!

Der Soldat nimmt sich eine Zigarette und blickt am Haus hinauf.

Wo hast du deine Kammer?

Auftritt ein Pater, der ein Fahrrad schiebt

PATER: So gefällt es mir, Barblin, so gefällt es mir aber. Wir werden ein weißes Andorra haben, ihr Jungfraun, ein schneeweißes Andorra, wenn bloß kein Platzregen kommt über Nacht.

Der Soldat lacht.

Ist Vater nicht zu Hause?

SOLDAT: Wenn bloß kein Platzregen kommt über Nacht! Nämlich seine Kirche ist nicht so weiß, wie sie tut, das hat sich herausgestellt, nämlich seine Kirche ist auch nur aus Erde gemacht, und die Erde ist rot, und wenn ein Platzregen kommt, das saut euch jedes Mal die Tünche herab, als hätte man eine Sau drauf geschlachtet, eure schneeweiße Tünche von eurer schneeweißen Kirche.

Der Soldat streckt die Hand nach Regen aus. Wenn bloß kein Platzregen kommt über Nacht! *Der Soldat lacht und verzieht sich.*

PATER: Was hat der hier zu suchen?

BARBLIN: Ist's wahr, Hochwürden, was die Leut sagen?

Sie werden uns überfallen, die Schwarzen da drüben, weil sie neidisch sind auf unsre weißen Häuser. Eines Morgens, früh um vier, werden sie kommen mit tausend schwarzen Panzern, die kreuz und quer durch unsre Äcker rollen, und mit Fallschirmen wie graue Heuschrecken vom Himmel herab.

PATER: Wer sagt das?

BARBLIN: Peider, der Soldat. *Barblin taucht den Pinsel in den Eimer.*

Vater ist nicht zu Haus.

PATER: Ich hätt es mir denken können. *Pause*

Warum trinkt er so viel in letzter Zeit? Und dann beschimpft er alle Welt. Er vergißt, wer er ist. Warum redet er immer solches Zeug?

BARBLIN: Ich weiß nicht, was Vater in der Pinte redet.

PATER: Er sieht Gespenster. Haben sich hierzuland nicht alle entrüstet über die Schwarzen da drüben: als sie es trieben wie beim Kindermord zu Bethlehem, und Kleider gesammelt für die Flüchtlinge damals? Er sagt, wir sind nicht besser als die Schwarzen da drüben. Warum sagt er das die ganze Zeit? Die Leute nehmen es ihm übel, das wundert mich nicht. Ein Lehrer sollte nicht so reden. Und warum glaubt er jedes Gerücht, das in die Pinte kommt? *Pause* Kein Mensch verfolgt euren Andri

Barblin hält inne und horcht.

– noch hat man eurem Andri kein Haar gekrümmt.

Barblin weißelt weiter.

Ich sehe, du nimmst es genau, du bist kein Kind mehr, du arbeitest wie ein erwachsenes Mädchen.

BARBLIN: Ich bin ja neunzehn.

PATER: Und noch nicht verlobt? *Barblin schweigt.*

Ich hoffe, dieser Peider hat kein Glück bei dir.

BARBLIN: Nein.

PATER: Der hat schmutzige Augen. *Pause*

Hat er dir Angst gemacht? Um wichtig zu tun. Warum sollen sie uns überfallen? Unsre Täler sind eng, unsre Äcker sind steinig und steil, unsere Oliven werden auch nicht saftiger als anderswo. Was sollen die wollen von uns? Wer unsern Roggen will: der muss ihn mit der Sichel holen und muss sich bücken Schritt vor Schritt. Andorra ist ein schönes Land, aber ein armes Land. Ein friedliches Land, ein schwaches Land – ein frommes Land, so wir Gott fürchten, und das tun wir, mein Kind, nicht wahr?

Barblin weißelt. Nicht wahr?

BARBLIN: Und wenn sie trotzdem kommen? *Eine Vesperglocke, kurz und monoton.*

PATER: Wir sehn uns morgen, Barblin, sag deinem Vater, Sankt Georg möchte ihn nicht betrunken sehn.

Der Pater steigt auf sein Rad.

Oder sag lieber nichts, sonst tobt er nur, aber hab acht auf ihn.

Der Pater fährt lautlos davon.

BARBLIN: Und wenn sie trotzdem kommen, Hochwürden?

Im Vordergrund rechts, beim Orchestrion, erscheint der Jemand, hinter ihm Andri als Küchenjunge.

JEMAND: Wo ist mein Hut?

ANDRI: Hier, mein Herr.

JEMAND: Ein schwüler Abend, ich glaub, es hängt ein Gewitter in der Luft ...

Andri gibt den Hut und bekommt ein Trinkgeld, das er ins Orchestrion wirft, aber er drückt noch nicht auf den Knopf, sondern pfeift nur und sucht auf dem Plattenwähler, während der Jemand vorn über die Szene geht, wo er stehenbleibt vor Barblin, die weißelt und nicht bemerkt hat, daß der Pater weggefahren ist.

BARBLIN: Ist's wahr, Hochwürden, was die Leut sagen? Sie sagen: Wenn einmal die Schwarzen kommen, dann wird jeder, der Jud ist, auf der Stelle geholt. Man bindet ihn an einen Pfahl, sagen sie, man schießt ihn ins Genick. Ist das wahr oder ist das ein Gerücht? Und wenn er eine Braut hat, die wird geschoren, sagen sie, wie ein räudiger Hund.

JEMAND: Was hältst denn du für Reden?

Barblin wendet sich und erschrickt.

JEMAND: Guten Abend.

BARBLIN: Guten Abend.

JEMAND: Ein schöner Abend heut.

Barblin nimmt den Eimer.

Aber schwül.

BARBLIN: Ja.

JEMAND: Es hängt etwas in der Luft.

...

Aus: Max Frisch, Andorra. Stück in zwölf Bildern © Suhrkamp Verlag Frankfurt am Main 1961

(Aus lizenzrechtlichen Gründen erscheint dieser Text nicht in reformierter Schreibung.)

Checkliste: Von der Idee zur fertigen Szene

Die Checkliste hilft vor allem bei längeren Unterrichtsprojekten oder größeren Aufführungen: Sie gibt einen Überblick über den gesamten Ablauf. Man kann dann selbst entscheiden, wo man Schwerpunkte setzen will.

Szenen durch Improvisation entwickeln

- Man bereitet die Schüler inhaltlich vor, indem man Texte zum Thema liest, Begriffe und Wortfelder sammelt oder Figuren und Rollen zum Thema ausprobiert.
- Kurze Übungen erleichtern den Einstieg, sie werden während der Einheit wiederholt und so den Schülern vertraut. Sie können kürzer werden, sollten aber nie ganz fehlen.
- Wenn es keinen fertigen Text gibt, wird als Anfangsimpuls eine Situation vorgegeben, in der die Szene spielen soll.
- Improvisierte Szenen ernst nehmen: Gute Ansätze loben und Verbesserungsvorschläge machen.
- Man kann auch durch Theaterbesuche einen Kontext für Schüler schaffen.

Szenen sichern

- Wenn die Szene einige Male gespielt ist, schreibt man die Handlung (den *Plot*) in Stichworten auf (siehe M 5).
- Ist die Szene fertig, werden die Dialoge eingefügt (siehe M 5).
- Handlung und Dialoge werden gemeinsam gelesen und verbessert: Passt der inhaltliche Zusammenhang?

Proben an den Szenen – Bühnenregeln

- Gemeinsam die fertige Szene intensiv lesen: Sätze zerlegen, Betonungen variieren, wo müssen Pausen sein? Dabei werden die Hintergründe geklärt, Stimmungen und Emotionen hörbar gemacht, Blick- und Sprechrichtungen ausprobiert.
- Als Hausaufgabe wird der eigene Text markiert (mit Stichwörtern der Vorredner) und gelernt.
- Textkenntnis in der Gruppe prüfen: gemeinsam lesen, dann auswendig aufsagen
- Ablauf der Szene klarmachen, das schafft Sicherheit: Wer steht wo? Wer kommt wann? Wo gibt es Pausen? Wann muss Bewegung und Tempo in die Szene kommen?
- Beim Üben der Szene und einzelner Abschnitte nicht unterbrechen, positive Kritik und Verbesserungsvorschläge im Anschluss, dabei das Publikum einbeziehen. Die wichtigsten Regeln für das Spielen auf der Bühne:

  – laut und verständlich sprechen: in den Ohren der Spieler sollte es „zu laut" sein
  – nicht mit dem Rücken zum Publikum stehen oder bewegen
  – die Mitspieler nicht mit dem eigenen Körper verdecken
  – in der Rolle bleiben, auch ohne Worte

Die Generalprobe (letzte Probe vor der Aufführung)

- Die Reihenfolge, in der die Gruppen spielen, wird festgelegt.
- Jede Kleingruppe sollte nach Möglichkeit auf der tatsächlichen Bühne spielen.

- Bei der Generalprobe müssen alle Kostüme und Requisiten vorhanden sein.
- Jede Gruppe probt den Aufbau und den Abbau des Bühnenbildes.
- Bei kleinen Fehlern oder Texthängern müssen die Spieler auf der Bühne die Situation retten.
- Applausordnung klären: Verbeugen sich alle gemeinsam oder die einzelnen Rollen?

Die Aufführung

- Termin festlegen und eventuell Publikum einladen
- Wo sitzen die Zuschauer? Wo befinden sich die Spieler während der Aufführung?
- Gibt es eine Begrüßung oder Ansage?
- Vor der Aufführung nicht vergessen, „Toi, toi, toi!" zu wünschen.

Nach dem Auftritt

Arbeit an einzelnen Rollen

Um Szenen und Stücke mit Leben zu füllen, ist es für die Spieler hilfreich, ihre Rollen und deren Beziehungen genau zu kennen. Es lohnt sich, Zeit in die Rollenarbeit zu investieren, denn man merkt rasch, dass die Schüler authentischer und glaubhafter spielen.
Dies gilt nicht für alle Szenen. Bei komischen Szenen und Sketchen ist es z. B. nicht notwendig, sich zu lange mit den Beziehungen der Rollen auseinanderzusetzen, da diese Szenen wegen ihrer übertriebenen Rollendarstellungen wirken.

Hat man aber ausreichend Zeit und geben die Rollen und Szenen genügend Hintergrundmaterial her, dann bieten sich einige der folgenden Übungen und Improvisationen an:

- Aus dem Text werden alle Informationen aufgelistet, die die Rolle betreffen – entweder in Gruppenarbeit oder in Einzelarbeit.
- Der Spieler erzählt in der Ich-Form über seine Rolle: Biografisches, Eigenschaften, Vorlieben, Erlebnisse, Träume, Beziehung zu wichtigen Gegenständen etc. Dies kann in Form einer Befragung durch die Mitspieler geschehen oder er schreibt die Biografie der Rolle auf.

- Die Spieler probieren Körperhaltungen, Gesten und Gangarten für ihre Rolle aus und finden typische Merkmale.
- Jeder Spieler stellt Vermutungen darüber an, was die Rolle vor bzw. nach einer Szene tut.
- Szenen, die nicht im Text enthalten sind, werden improvisiert, um Beziehungen zu verdeutlichen oder Gefühle zu erleben.
- Der Spieler findet Standbilder zu den Stimmungen, mit denen seine Rolle in eine Szene geht oder mit denen sie die Szene verlässt. So kann man auch die Beziehungen zwischen den Rollen verdeutlichen oder man schreibt einen Brief an eine andere Rolle.
- Jeder Spieler sucht Kostüme und Requisiten, die zu seiner Rolle passen. Er erzählt, was ihm die einzelnen Teile bedeuten.
- Mehrere Spieler richten gemeinsam in ihren Rollen ein Bühnenbild für eine gemeinsame Szene ein.

Planung von Projekttagen

Manchmal gibt es die Möglichkeit, bei der Arbeit halbe oder ganze Projekttage zu nutzen. Diese Tage sind produktiver, wenn sie eine klare Struktur haben und Abwechslung bieten, da es Schülerinnen und Schülern schwerfällt, sechs Stunden hintereinander Szenen zu proben. Sinnvoll ist eine Mischung verschiedener Tätigkeiten, die jeweils nicht zu lange ausgedehnt werden – intensives Arbeiten in der Gruppe wechselt mit eher stiller Arbeit:

- intensive gemeinsame Arbeitsplanung im Sitzkreis,
- Aufwärmübungen zu Sprache und Körper,
- intensives, aber nicht zu langes Proben an den Szenen,
- Phasen für die Arbeiten an den einzelnen Rollen,
- Phasen für technische Arbeiten: Plakate malen, am Bühnenbild arbeiten oder Requisiten beschaffen.

Spiele in den Unterrichtsbausteinen

Hier finden sich ausführliche Beschreibungen der Spiele, die in den einzelnen Unterrichtsbausteinen erwähnt werden. Sie wurden dem Buch *99 Theaterspiele* entnommen (siehe Kap. 9)

Schwerpunkt:	Einstieg und Aufwärmen
Name:	**Bunny, Bunny, Bunny**
Dauer:	10–15 Minuten
Altersgruppe:	Alle
Schwierigkeitsgrad:	Leicht
Arbeitsform:	Ganze Gruppe
Requisiten:	...

Alle Spieler stehen im Kreis. Einer beginnt, indem er seine beiden Hände wie Hasenohren an seinen Kopf hält, mit den Händen ein Ohrenwackeln imitiert und „Bunny, Bunny, Bunny" ruft. Die beiden Spieler links und rechts von ihm unterstützen ihn dabei, indem sie sich rechts bzw. links neben ihn stellen und ihre rechte bzw. linke Hand ebenfalls zu Hasenohren formen und ebenfalls „Bunny, Bunny, Bunny" rufen. Mit einem letzten „Bunny"-Ruf und dem Einklappen der Ohren sowie dem Zeigen der Ohren auf einen anderen Spieler im Kreis gibt der mittlere Spieler die Rolle des Hasen ab. Der neue Hasen-Spieler nimmt nun rasch seine Hände als Ohren, wackelt mit ihnen und ruft „Bunny, Bunny, Bunny". Gleichzeitig springen sein rechter bzw. linker Mitspieler zu ihm und unterstützen ihn wie oben beschrieben.
In schnellem Wechsel wird nun die Rolle des Hasen beliebig im Kreis weitergegeben. Wichtig ist dabei, auf eine rasche Geschwindigkeit zu achten. Passieren Fehler, z. B. wenn jemand zu langsam ist oder die Hände-Ohren nicht vollständig sind, scheidet der Spieler, der den Fehler verursacht hat, aus.

Schwerpunkt:	Einstieg und Aufwärmen
Name:	**Beschützer und Verfolger**
Dauer:	10–15 Minuten
Altersgruppe:	Alle
Schwierigkeitsgrad:	Leicht
Arbeitsform:	Ganze Gruppe
Requisiten:	...

Die Spieler verteilen sich im Raum. Jeder Spieler sucht sich eine andere anwesende Person aus, die ihn verfolgt, und eine weitere Person, die ihn vor seinem Verfolger beschützen soll, ohne die Personen zu nennen. Auf Kommando bewegen sich alle durch den Raum. Die Aufgabe eines jeden Mitspielers ist es nun, dafür zu sorgen, dass sein Beschützer sich immer zwischen ihm und seinem Verfolger befindet. Da alle Spieler diese Aufgabe haben, ergibt sich ein aufgeregtes Hin- und Herlaufen, das nicht nur Spaß macht, sondern auch die gesamte Gruppe in Schwung bringt.

Schwerpunkt: Einstieg und Aufwärmen
Name: **Gänge ausprobieren**
Dauer: 10 Minuten
Altersgruppe: 9–15
Schwierigkeitsgrad: Leicht
Arbeitsform: Ganze Gruppe
Requisiten: …

Die Gruppe verteilt sich im Raum, alle gehen möglichst schweigend umher, ohne sich zu berühren. Der Spielleiter regt durch Anweisungen und Beschreibung der Umgebung verschiedene Gangarten an:

- Zuerst geht die Gruppe im normalen Tempo durch den Raum – möglichst jeder für sich.
- Dann gehen alle schneller und schneller, ohne direkt zu laufen, und stellen sich dabei vor: „Oh Gott, ich komme zu spät." Der Spielleiter achtet darauf, dass die Gruppe nicht nur im Kreis geht, sondern sich durcheinandermischt – ohne sich zu berühren.
- Dann gehen alle wieder langsamer und machen einen gemütlichen Schaufensterbummel und schauen sich dabei die Details des Raumes genauer an.
- Das Tempo wird langsam so weit reduziert, bis alle versuchen, sich im Zeitlupentempo zu bewegen. Dabei sollten alle darauf achten, dass sie alle Bewegungen gleichmäßig machen: Füße abrollen, Arme langsam bewegen.
- Anschließend kann sich die Gruppe beim normalen Gehen entspannen.
- Nun weist der Spielleiter auf verschiedene Untergründe hin: „Achtung, heißer Sand" – alle hüpfen auf den Zehenspitzen. „Jetzt sind wir im Morast gelandet" – man kann die Füße nur noch schwer aus dem Schlamm ziehen.
- Die Gruppe gerät in Wasser und muss die Füße halb hochheben. Zum Schluss humpeln alle nach Hause, weil ihnen die Füße wehtun, oder gehen fröhlich nach Hause, denn die Schule ist aus.
- Zum Abschluss folgt das Bewegungsspiel „Follow the leader": Der Spielleiter macht auffällige Bewegungen beim Gehen (Humpeln, Rückwärtsgehen), die ganze Gruppe imitiert diese Bewegungen. Dann wird die Rolle des Spielleiters von einem anderen/einer anderen übernommen.

Tipp: Je nach Größe der Gruppe kann man sie für diese Spiele auch halbieren – die anderen gucken zu!
Zu Beginn werden sich die Gruppen meist noch unterhalten. Man sollte daran erinnern, dass man sich am besten auf sich selber konzentriert – dann lassen die Gespräche langsam nach.

Schwerpunkt: Einstieg und Aufwärmen
Name: **Katz und Maus**
Dauer: 10–15 Minuten
Altersgruppe: Alle
Schwierigkeitsgrad: Leicht
Arbeitsform: Ganze Gruppe
Requisiten: …

Die Gruppe verteilt sich im Raum. Ein Teilnehmer versucht, als „Katze" die „Mäuse" abzuschlagen. Aber: Immer wenn zwei Mäuse zusammenstehen und sich umarmen, sind sie für die Katze tabu. Die Mäuse dürfen allerdings nur kurz zusammenhalten und müssen den Partner wechseln, wenn die Gefahr vorbei ist.

Variation: Wenn drei, vier ... Mäuse zusammenstehen, sind sie für die Katze tabu.

Tipp: Da dieses Spiel zu relativ viel Körperkontakt führt, sollte es nur mit Gruppen gemacht werden, die sich schon kennen und keine Probleme mit Körperkontakt haben.

Schwerpunkt:	Wahrnehmen und Vertrauen gewinnen
Name:	**Entdecke deinen Körper – Isolationsübungen**
Dauer:	5–10 Minuten
Altersgruppe:	Alle
Schwierigkeitsgrad:	Leicht
Arbeitsform:	Einzelarbeit – ganze Gruppe
Requisiten:	...

Die Gruppe stellt sich in einem lockeren, nicht zu engen Kreis auf, sodass jeder genug Bewegungsfreiheit hat.
Auf Anweisung des Spielleiters werden von oben nach unten verschiedene Körperteile aktiviert, um die Bewegungen bewusst zu erleben:

- Man stellt sich vor, am Kopf ist wie bei einer Marionette ein unsichtbares Seil befestigt, das noch oben zieht. Der Kopf geht so weit nach oben, wie es geht, ebenso streckt sich der übrige Körper.
- Nun testet man die Beweglichkeit: Der Kopf schaut auf Anweisung des Spielleiters nach links, halblinks gerade und halbrechts und rechts. Anfangs geht es langsam der Reihe nach (Vorsicht, nicht zur Seite überdehnen!), später werden die Richtungen ohne Zusammenhang angesagt, was die Konzentration fördert.
- Als Nächstes entwickeln die Schultern ein Eigenleben: Alle heben und senken die Schultern, strecken sie nach hinten und ziehen sie vorne zusammen. Daraus wird langsam eine gleitende Bewegung, die alle vier Richtungen verbindet. Zur Entspannung lässt man die Arme wie Windmühlenflügel kreisen, ohne sich anzustrengen, und auf Kommando stoppt das Kreisen an einer beliebigen Stelle, sodass die Arme wie Flügel in der Luft stehen.
- Die Gruppe konzentriert sich auf die Hüften: Man legt einen Finger rechts oder links an die Hüfte und versucht, diese leicht zur Seite zu drücken, der übrige Körper bleibt möglichst unbewegt. Dann schwingen die Hüften in einer kleinen Kreisbewegung, als bewegte man einen unsichtbaren Hula-Hoop-Reifen.
- Nun stellt man die Füße eng zusammen und versucht, mit leicht gebeugten Knien den eigenen Namen auf den Boden vor sich zu schreiben, in großen oder kleinen Buchstaben. Ist das Prinzip erst mal geläufig, kann man zu anderen Wörtern übergehen.
- Zum Abschluss stehen die Füße im Mittelpunkt: Man stellt sich locker auf, hebt ein Bein ca. 10 cm vom Boden weg und zieht dann die Zehen in Richtung Oberkörper – man spürt ein leichtes Ziehen im Oberschenkel. Wenn man sicher steht, fixiert man einen Punkt (möglichst keine Person!) und versucht dann, für 5–10 Sekunden die Augen zu schließen.

Tipp: Die Isolationsübungen trainieren ein bewusstes und konzentriertes Arbeiten mit dem eigenen Körper. Es geht jedoch nicht um sportliche Herausforderungen und Krafteinsatz, die Übungen sollen sanft und konzentriert die Beherrschung einzelner Körperteile trainieren. Es ist sinnvoll, die Übungen selbst auszuprobieren, bevor man mit einer Gruppe arbeitet.

Schwerpunkt: Wahrnehmen und Vertrauen gewinnen
Name: **Blinde führen**
Dauer: 10 Minuten
Altersgruppe: Alle
Schwierigkeitsgrad: Leicht
Arbeitsform: Ganze Gruppe – Partnerarbeit
Requisiten: …

Es werden Paare gebildet. Einer schließt die Augen. Der andere führt ihn durch den Raum, indem er ihn an der Hand hält. Über den Handkontakt können Signale bei Treppen gegeben werden. Die Geschwindigkeit kann gesteigert werden. Dann wird gewechselt. Der Führende kann seinen Partner auch leiten, indem er Töne macht. Bei dieser Übung ist es besonders wichtig, dass es im Raum ruhig ist.

Variation: Es wird im Raum ein Parcours mit Hindernissen aufgebaut: Stühle, Taschen etc., sodass man gerade noch hindurchgehen kann. Einem Partner werden die Augen verbunden. Sein Partner stellt sich auf die andere Seite des Parcours und versucht, seinen Partner mit Geräuschen so durch die Hindernisse zu lotsen, dass er nirgends anstößt. Falls er doch ein Hindernis berührt, ist das Spiel vorbei.
Tipp: Es sind keine Worte erlaubt, sondern nur Geräusche, die positive Zustimmung (richtige Richtung) oder Missfallen (Zusammenstoß droht!) ausdrücken.

Schwerpunkt: Atem, Stimme, Sprache
Name: **Stimme aufwärmen**
Dauer: 5 Minuten
Altersgruppe: Alle
Schwierigkeitsgrad: Leicht
Arbeitsform: Ganze Gruppe
Requisiten: …

Um die Stimme aufzuwärmen, bieten sich folgende Übungen an: laut und herzhaft gähnen, anschließend ein „M" summen und dazu Kaubewegungen machen und zum Schluss wie ein Pferd schnauben und wie ein Kanarienvogel trillern. Die Triller können auch an die Dekke bzw. auf den Boden geworfen werden, indem man die entsprechende Handbewegung macht und von hohen zu tiefen Tönen trillert und umgekehrt.

Schwerpunkt: Atem, Stimme, Sprache
Name: **Soundball**
Dauer: 10 Minuten
Altersgruppe: Alle
Schwierigkeitsgrad: Leicht
Arbeitsform: Ganze Gruppe
Requisiten: …

Alle stehen im Kreis. Ein Spieler beginnt, indem er einem anderen ein Geräusch mit einer klaren Handbewegung „zuwirft". Dieser fängt das Geräusch, indem er es wiederholt und jemand anderem ein neues Geräusch zuwirft. Ziel ist es, möglichst schnell zu sein. Es scheidet aus, wer zu lange zögert oder vergisst, das Geräusch zu wiederholen.
Tipp: Die Geräusche entwickeln sich am besten ohne langes Nachdenken aus einem Vokal: Wusch, zisch, brumm, muff, zong …

Variation: Man kann sich statt eines Geräusches auch ein Nomen zuwerfen. Der Nächste nimmt das Nomen auf, indem er es wiederholt und jemand anderem ein neues Wort zuwirft. Man kann das Spiel auch sitzend und mit einem richtigen Ball spielen.

Schwerpunkt:	Atem, Stimme, Sprache
Name:	**Geschichten erzählen**
Dauer:	10 Minuten
Altersgruppe:	Alle
Schwierigkeitsgrad:	Leicht
Arbeitsform:	Ganze Gruppe
Requisiten:	...

Wandergeschichte

Die Gruppe sitzt im Kreis und versucht, gemeinsam eine sinnvolle Geschichte zu erzählen, indem der Reihe nach jeder ein Wort sagt – sodass daraus eine sinnvolle Geschichte wird. **Tipp**: Leichter ist es, wenn man mit ganzen Sätzen anfängt. Eventuell kann man auch den Titel der Geschichte vorschlagen lassen.

Zwischenrufgeschichte

Ein Spieler erzählt eine Geschichte. Die Zuhörer rufen ihm Wörter zu. Der Erzähler muss sie möglichst bald und geschickt einbauen. Der Spielleiter sollte darauf achten, dass nicht zu viele Wörter zu schnell hintereinander gerufen werden.

Kleider-Ich

Reihum erzählt jeder eine Geschichte über eines seiner Kleidungsstücke in der Ich-Form. Zum Beispiel: „Ich bin der Schuh von ... Ich wurde in Italien hergestellt. Das hat anfangs ein bisschen wehgetan. Als die Verkäuferin ..."

Schwerpunkt:	Darstellung und Ausdruck
Name:	**Kreis mit Bewegung und Ton**
Dauer:	10–15 Minuten
Altersgruppe:	Alle
Schwierigkeitsgrad:	Mittel
Arbeitsform:	Ganze Gruppe
Requisiten:	...

Die Gruppe stellt sich in einen Kreis. Einer beginnt und zeigt seinem linken Nachbarn eine beliebige Bewegung und ein dazu passendes Geräusch. Sein Nachbar gibt diese Bewegung und das Geräusch leicht verändert an seinen linken Nachbarn weiter. Das geht so weiter, bis die Bewegung und das Geräusch mehrmals durch den Kreis gelaufen ist. **Tipp**: Wichtig ist, dass sowohl präzise wahrgenommen als auch zügig weitergegeben wird. Die Veränderungen sollten so fließend sein wie auf einzelnen Bildern eines Films.

Schwerpunkt: Darstellung und Ausdruck
Name: **Gefühlsstatue**
Dauer: 15–20 Minuten
Altersgruppe: Alle
Schwierigkeitsgrad: Mittel
Arbeitsform: Einzelarbeit
Requisiten: ...

Die Spieler verteilen sich im Raum. Der Spielleiter nennt ihnen ein Gefühl, z. B.: Freude. Die Spieler nehmen dann eine Körperhaltung ein, die Freude ausdrückt. Wichtig ist dabei, dass sie von ihrer eigenen Körpersprache ausgehen.
Wenn die Spieler miteinander vertraut sind, kann die ganze Gruppe innehalten und sich die Gefühlsstatuen der Einzelnen anschauen. Ist das noch nicht möglich, arbeiten die Spieler nur für sich. Abwechselnd werden positive und negative Gefühle genannt. Die Übung sollte mit einem positiven Gefühl enden.

Schwerpunkt: Rollen
Name: **Rollenverhalten trainieren**
Dauer: 10–15 Minuten
Altersgruppe: Alle
Schwierigkeitsgrad: Leicht
Arbeitsform: Einzelarbeit – ganze Gruppe
Requisiten: ...

Die Spieler überlegen sich jeder eine Rolle, z. B. Polizistin, Punkerin, Penner, König etc., oder ziehen eine Karte, auf die der Spielleiter eine Rolle geschrieben hat. Jeder überlegt fünf Minuten, wie er die Rolle gestalten will, probt den Gang etc.
Die ganze Gruppe bildet einen Kreis. Einer nähert sich einem anderen in seiner Rolle als Polizistin, Punkerin, Königin, ... Der andere reagiert in seiner Rolle als Mutter, Dompteur, Busfahrerin, ... Es entwickelt sich eine kurze Szene, die sich sofort wieder auflöst. Dann gibt es andere Begegnungen, die ganze Gruppe bleibt in Bewegung.
Tipp: Bei diesem Spiel soll man sich in eine Rolle eingewöhnen, nicht große Szenen vorführen. Die Begegnungen sind nur für die Spieler, nicht für die Zuschauer wichtig: Fühle ich mich in der Rolle wohl? Was kann ich noch anders machen?

Glossar: Begriffe rund ums Theater

Einige wichtige Begriffe rund ums Theater, die im Buch verwendet werden, werden hier erklärt. Sie bilden die inhaltliche Grundlage für die folgenden Arbeitsblätter.

Akt: Abschnitt eines Dramas, das in mehrere Akte unterteilt ist. Ein Akt ist meist in mehrere Szenen unterteilt.
Amateur: jemand, der etwas ohne Bezahlung zur eigenen Freude in seiner Freizeit macht
Applausordnung: verabredete Reihenfolge, in der sich die Schauspieler nach einer Aufführung dem Publikum präsentieren: Sie kommen einzeln oder alle in einer Reihe.
Bild: (s. Szene)
Bühne: abgegrenzte Fläche, auf der Theater gespielt wird
Bühnenbild: alles, was auf der Bühne sichtbar ist und so die Inszenierung mitgestaltet: Hintergrundgemälde, Häuser, Bäume, Wände, Mobiliar, Werkzeuge, aber auch das Bühnenlicht
Gage: Lohn oder Honorar für einen Schauspieler
Generalprobe: die letzte Probe vor einer Aufführung, bei der in der Regel alles genauso abläuft wie bei der Aufführung selbst
Gestik: Bewegungen der Arme und Hände, die Gefühle und Stimmungen ausdrücken
Haltungen: Innere und äußere Haltungen der Figuren in einem Theaterstück zeigen ihre Erfahrungen und die Motive ihres Handelns durch Körpersprache, Art des Sprechens, Mimik und Gestik und Verhalten.
Kostüm: zur Rolle passende Verkleidung eines Schauspielers
Mimik: Bewegung und Ausdruck des Gesichts, die Gefühle und Stimmungen ausdrücken
Off: Raum hinter und neben der Bühne, wo die Schauspieler auf ihren Auftritt warten und Kulissen abgestellt werden können
Plot: kurze Skizze der Handlung eines Theaterstückes, jedoch ohne den Text, den die Schauspieler sprechen
Profi (professionell): jemand, der etwas berufsmäßig oder fachmännisch tut
Publikumsreihe: festgelegter Sitzplatz für das Publikum – in einer oder mehreren Reihen vor der Bühne
Regisseur: Leiter einer Theateraufführung, er probt mit den Schauspielern das Stück.
Requisiten: bewegliches Zubehör für eine Bühnenaufführung oder Filmszene
Standbilder: Man stellt mit den Figuren des Stückes stumme, bewegungslose Bilder, sodass durch die Haltungen der Figuren ihre Gefühle und Beziehungen deutlich werden.
Statue: Eine einzelne Figur stellt sich in einer typischen Pose dar, z. B. als erfolgreicher Geschäftsmann.
Sprechhaltung: bestimmte Sprechweise einer Figur, die ihre innere Verfassung deutlich macht, z. B. Schreien vor Wut, Flüstern aus Enttäuschung, …
Szene (Bild): (kurzer) Abschnitt eines Theaterstückes
szenisch lesen: einen Text im Stehen laut mit verteilten Rollen vorlesen
Stichwort: das letzte Wort im Text des Vorredners, auf das der Text eines Schauspielers folgt
Schauspieler: jemand, der eine Rolle in einem Stück spielt
Warm-up: Aufwärmübung für Schauspieler, bevor die Probe an einer Szene beginnt

Begriffe rund ums Theater erklären

Du findest hier wichtige Begriffe rund ums Theater. Bestimme mithilfe des Dudens oder eines Lexikons die Bedeutung der Begriffe und trage sie in die Tabelle ein.

Akt	
Amateur	
Applausordnung	
Bühne	
Bühnenbild	
Gage	
Generalprobe	
Gestik	
Kostüm	
Mimik	
Off	
Plot	
Profi, professionell	
Publikumsreihe	
Regisseur	
Requisiten	
Schauspieler	
Standbild	
Stichwort	
Szene	
Warm-up	

Theaterbegriffe richtig zuordnen

In diesem Glossar sind die Erklärungen der Begriffe vertauscht worden. Stelle sie richtig, indem du rechts neben den Begriff die Zahl der passenden Erklärung schreibst.

1. Akt	1. kurze Skizze der Handlung eines Theaterstückes, jedoch ohne den Text, den die Schauspieler sprechen
2. Amateur	2. Aufwärmübung für Schauspieler, bevor die eigentliche Probe an einer Szene beginnt
3. Applausordnung	3. jemand, der etwas berufsmäßig oder fachmännisch tut
4. Bühne	4. verabredete Reihenfolge, in der sich die Schauspieler nach einer Aufführung dem Publikum präsentieren
5. Bühnenbild	5. Abschnitt eines Dramas, das in mehrere Akte unterteilt ist. Ein Akt ist meist in mehrere Szenen unterteilt.
6. Gage	6. (kurzer) Abschnitt eines Theaterstückes
7. Generalprobe	7. festgelegter Sitzplatz für das Publikum
8. Gestik	8. bewegliches Zubehör für eine Bühnenaufführung oder Filmszene
9. Kostüm	9. abgegrenzte Fläche, auf der Theater gespielt wird
10. Mimik	10. Bewegungen der Arme und Hände, die Gefühle und Stimmungen ausdrücken
11. Off	11. das letzte Wort im Text des Vorredners, auf das der Text eines Schauspielers folgt
12. Plot	12. Lohn/Honorar für einen Schauspieler
13. Profi, professionell	13. die letzte Probe vor einer Aufführung, bei der in der Regel alles genauso ablaufen soll wie bei der Aufführung selbst
14. Publikumsreihe	14. Bewegung und Ausdruck des Gesichts, die Gefühle und Stimmungen ausdrücken
15. Regisseur	15. jemand, der eine Rolle in einem Stück spielt
16. Requisiten	16. jemand, der etwas ohne Bezahlung zu seiner eigenen Freude in seiner Freizeit macht
17. Schauspieler	17. Raum hinter und neben der Bühne, wo die Schauspieler auf ihren Auftritt warten und Kulissen abgestellt werden
18. Stichwort	18. Leiter einer Theateraufführung, probt mit den Schauspielern
19. Szene	19. alles, was auf der Bühne sichtbar ist: Hintergrundgemälde, Häuser, Bäume, Wände, Mobiliar und Bühnenlicht
20. Warm-up	20. zur Rolle passende Verkleidung eines Schauspielers

Kompetenzen, die gelernt werden

Szenisches Lernen verbindet verschiedene Lernbereiche in einem projektartigen Zusammenhang. Zur Übersicht sind hier die einzelnen Kompetenzen aufgelistet, die dabei gefördert werden (in Klammern der Verweis auf die Kompetenzbereiche des Kernlehrplans Deutsch NRW für verschiedene Jahrgänge – am Beispiel Gesamtschule).

Szenen kreativ entwickeln und aufschreiben

- Szenen zu einem Thema durch Improvisation entwickeln und passenden Anfang, Handlungsaufbau und Abschluss finden (KLP 3.3.11)
- passende Rollen und ihre Interaktion entwickeln – Perspektivwechsel (KLP 3.4.1/3.4.2)
- die Handlung improvisierter Spielszenen in Stichworten aufschreiben und überarbeiten (KLP 3.2.1)
- eine Szene vollständig mit Handlung, Dialogen und Regieanweisungen aufschreiben und überarbeiten (KLP 3.1.10/3.2.10)

Texte verstehen und interpretieren

- dramatische Szenen interpretieren, indem man sie nachspielt (KLP 3.3.10./3.1.13./3.3.6)
- Prosa- und Lyriktexte (Märchen, Balladen, Geschichten, Romane) in Szenen umsetzen und dialogisieren, dabei Geschlossenheit einer Szene, Personen, Rollen usw. entwickeln (KLP 3.1.13/3.3.11)
- Prosatexte in Szenen umschreiben (KLP 3.3.11)

Verbesserung der mündlichen Sprachfähigkeit und der Körpersprache

- laut, akzentuiert und vor Zuhörern verständlich sprechen, andere Artikulationsformen (z. B. flüstern, schreien) beherrschen
- Wörter und Sätze mit verschiedenen Betonungen, in verschiedenen Stimmungen ausprobieren und Abstufungen verdeutlichen (KLP 3.1.11/12)
- (längere) Texte auswendig lernen und (vor Publikum) vortragen (KLP 3.1.1/3.1.12)
- Gefühl für den eigenen Körper entwickeln und Interaktion mit Mitspielern üben
- zu einer Rolle die passende Gestik, Mimik, Bewegung entwickeln – auch pantomimisch: Rollen, Stimmungen, Situationen darstellen (KLP 3.4.2)
- verbale und nonverbale Kommunikation unterscheiden und beides gezielt einsetzen (3.4.1)

Arbeit in der Gruppe – Methodenkompetenz

- zuhören, andere Beiträge anschauen und bewerten (KLP 3.1.9)
- Notizen machen, um Gehörtes festzuhalten (KLP 3.1.10)
- umfangreiche Arbeitsaufgabe planen und in einzelne Arbeitsschritte einteilen
- in einer Kleingruppe effektiv zusammenarbeiten und Aufgaben verteilen
- Methoden zur Bewältigung einzelner Schritte einsetzen
- über den Ablauf des eigenen Arbeitsprozesses informieren (KLP 3.2.3)

Literatur

Barbara Maria Bernhard, Sprechübungen – Eine Sammlung für Theatergruppen, öbv & hpt, ISBN 3-209-04495-3

Barbara Müller/Helmut Schafhausen: Spiel- und Arbeitsbuch Theater, Hrsg.: J. Diekhans, Paderborn 2000

Barbara Müller/Helmut Schafhausen: 99 Theaterspiele, Hrsg.: J. Diekhans, Paderborn 2003

Helmut Schafhausen (Hrsg.): Handbuch Szenisches Lernen. Weinheim und Basel 1995

Ingo Scheller: Basisartikel „Szenische Interpretation", Heft 136 von Praxis Deutsch, Velber 1996, S. 22

Ingo Scheller: Szenisches Spiel, Handbuch für die pädagogische Praxis, Cornelsen 1998

Wörterbuch der Theaterpädagogik, Hrsg.: Koch, Streisand, Uckerland 2003

EinFach Deutsch

Unterrichtsmodelle

Herausgegeben von Johannes Diekhans

Ausgewählte Titel der Reihe:

Unterrichtsmodelle – Klassen 5–7

Germanische und deutsche Sagen
91 S., DIN A4, kart. Best.-Nr. 022337

Otfried Preußler: Krabat
131 S., DIN A4, kart. Best.-Nr. 022331

Unterrichtsmodelle – Klassen 8–10

Gottfried Keller: Kleider machen Leute
64 S., DIN A4, geh. Best.-Nr. 022326

Das Tagebuch der Anne Frank
112 S., DIN A4, kart. Best.-Nr. 022272

Friedrich Schiller: Wilhelm Tell
90 S., DIN A4, geh. Best.-Nr. 022301

Unterrichtsmodelle – Gymnasiale Oberstufe

Barock
152 S., DIN A4, kart. Best.-Nr. 022418

Romantik
155 S., DIN A4, kart. Best.-Nr. 022382

Lyrik nach 1945
189 S., DIN A4, kart. Best.-Nr. 022379

Bertolt Brecht: Leben des Galilei
112 S., DIN A4, kart. Best.-Nr. 022286

Georg Büchner: Dantons Tod
143 S., DIN A4, kart. Best.-Nr. 022369

Georg Büchner: Woyzeck
115 S., DIN A4, kart. Best.-Nr. 022313

Friedrich Dürrenmatt: Der Besuch der alten Dame
124 S., DIN A4, kart. Best.-Nr. 022417

Friedrich Dürrenmatt: Die Physiker
102 S., DIN A4, kart. Best.-Nr. 022407

Theodor Fontane: Effi Briest
140 S., DIN A4, kart. Best.-Nr. 022409

Theodor Fontane: Irrungen, Wirrungen
89 S., DIN A4, kart. Best.-Nr. 022388

Max Frisch: Homo faber
88 S., DIN A4, geh. Best.-Nr. 022315

Johann Wolfgang von Goethe: Faust I
145 S., DIN A4, kart. Best.-Nr. 022277

Johann Wolfgang von Goethe: Die Leiden des jungen Werthers
128 S., DIN A4, kart. Best.-Nr. 022365

Gerhart Hauptmann: Die Ratten
122 S., DIN A4, kart. Best.-Nr. 022427

E.T.A. Hoffmann: Der Sandmann
123 S., DIN A4, kart. Best.-Nr. 022357

Franz Kafka: Erzählungen
ca. 128 S., DIN A4, kart. Best.-Nr. 022422

Franz Kafka: Der Prozess
143 S., DIN A4, kart. Best.-Nr. 022363

Heinrich von Kleist: Michael Kohlhaas
100 S., DIN A4, kart. Best.-Nr. 022349

Gotthold Ephraim Lessing: Emilia Galotti
141 S., DIN A4, kart. Best.-Nr. 022279

Robert Musil: Die Verwirrungen des Zöglings Törleß
153 S., DIN A4, kart. Best.-Nr. 022400

Friedrich Schiller: Don Carlos
182 S., DIN A4, kart. Best.-Nr. 022420

Friedrich Schiller: Die Räuber und andere Räubergeschichten
134 S., DIN A4, kart. Best.-Nr. 022343

Christa Wolf: Kassandra
109 S., DIN A4, kart. Best.-Nr. 022393